体育五千年

力与美融合的体育人生

赵 鑫 黄 岩 杨春辉 / 编著

吉林人民出版社

图书在版编目(CIP)数据

力与美融合的体育人生 / 赵鑫, 黄岩, 杨春辉编著
. -- 长春：吉林人民出版社, 2012.7
(体育五千年)
ISBN 978-7-206-09181-0

Ⅰ.①力… Ⅱ.①赵… ②黄… ③杨… Ⅲ.①体育伦理学－普及读物 Ⅳ.①G803-49

中国版本图书馆CIP数据核字(2012)第161402号

力与美融合的体育人生
LI YU MEI RONGHE DE TIYU RENSHENG

编　著：赵　鑫　黄　岩　杨春辉	
责任编辑：李沫薇	封面设计：七　洱

吉林人民出版社出版 发行（长春市人民大街7548号 邮政编码：130022）
印　　刷：永清县晔盛亚胶印有限公司
开　本：670mm×950mm　　1/16
印　张：13　　　　　　字　数：150千字
标准书号：ISBN 978-7-206-09181-0
版　次：2012年7月第1版　　印　次：2023年6月第3次印刷
定　价：45.00元

如发现印装质量问题，影响阅读，请与出版社联系调换。

目录

CONTENTS

健身与养生的瑰宝 ……………………………………001

身心愉悦的妙法——瑜伽 ………………………004

远古的运动处方 ………………………………………007

《吕氏春秋》蕴含的养生之道 ………………009

"宁静寡欲"的老子养生观 ……………………011

华佗与五禽戏 …………………………………………014

《千金方》中的健身养生法则 ………………017

武则天与"唐朝美" …………………………………021

世界第一部养生学 …………………………………025

开养生先河的鼻祖 …………………………………027

奇特的葬礼和宴乐竞技 …………………………030

《春秋》《论语》话健身之道 ………………033

唐人与健美 ……………………………………………038

养生有术文思涌 ……………………………………041

"文以载道"与"重智轻体"观 ……………043

豪放诗人笔下的养生观 …………………………046

健美者健康 ……………………………………………048

地球村的健身潮 ……………………………………051

健身跑创始人阿肯 …………………………………055

跑出健康人生 …………………………………………059

耄耋古稀不是梦 ……………………………………063

烈士暮年壮心不已 …………………………………066

健美巨星与"胜利之神" ………………………070

半个世纪的健美风雨路 …………………………072

健美的魔力 ……………………………………………075

目录

CONTENTS

水中运动的健身新术 …… 077
永恒的流行元素——健美 …… 080
"波兹坎什"与华夏马术 …… 082
马蹄与球杆的碰撞 …… 085
独行木马声声碎 …… 087
少年王子降烈马 …… 089
月阁灯下打马球 …… 092
球场巧除昏君 …… 095
娇娥马球 …… 097
西班牙骑术学校 …… 099
短笛牧童与"骑术学校" …… 101
风火五洲行的保龄球运动 …… 103
"采菊东篱下"的槌球运动 …… 106
国际象棋先祖——四色棋 …… 108
国际象棋"棋王"知多少 …… 113
"教子丹朱"的奥秘 …… 118
"手谈"黑白风云 …… 122
"先马走" …… 124
跨越"楚河汉界" …… 126
中国象棋的兵马世界 …… 132
划船渡海的腓基尼人 …… 134
古代潜泳的功绩 …… 136
驾龙舟兮乘风雷 …… 139
中世纪与帆船赛 …… 142
培养勇敢者的运动——皮划艇 …… 144

目录 CONTENTS

户外运动尽显绅士风度 ……………………146
跛脚拜伦渡沧海 ……………………………149
遍览名山大川的旅行家徐霞客 ……………152
欧陆野游潮 …………………………………156
环游世界的潘德明 …………………………158
世界级探险"怪杰" …………………………162
对自己狠一点的"铁人运动" ………………166
风靡全球的赤脚走路 ………………………168
方兴未艾的探险运动 ………………………170
大漠深处的车轮声 …………………………173
天方古舟万里行 ……………………………176
回归自然的绿色 ……………………………180
极限运动受青睐 ……………………………183
南极圈的体育生活 …………………………187
新兴的运动生活方式 ………………………189
横渡海峡的壮举 ……………………………192
航海史上的伟大创举 ………………………196
当代的水上休闲风尚 ………………………198

健身与养生的瑰宝

每天清晨，在绿树浓密、鸟语花香的公园里，在空气清新的湖滨河畔，甚至在大街两旁的绿地上，我们都可以看到许多老年人三五成群，或独自一人在练功。他们有的双目微闭，两只手像抱球一样，一动不动，好似老僧入定；有的轻展舒臂，有如仙鹤掠过水面，大雁在高空盘旋；有的迈着轻捷的步子，节奏感韵律感很强地跳着舞或扭着秧歌。他们不管是动还是静，一招一式一吸一呼都全身心地投入，那种安详而神秘的气氛，使过路人不知不觉地放轻自己的脚步，生怕打扰了他们的练习。且不要小看这些两鬓斑白的民族体育爱好者的练习，独具特色，这些体育练习，如八段锦、练功十八法、五禽戏、气功、舞蹈、秧歌等，它们可是源远流长，伴随华夏子孙几千个春秋。

人的生命是世界上最奇妙的事物之一。如果将人体调整到一个最佳状态，并且长时间保持下去，就要不断增强体质并同各种疾患做斗争。中华民族经过数千年冥思苦想和不断探索，总结出一套行之有效的方法，这是对整个人类文化做出的重要贡献。

在远古时期的人们就开始以积极的态度，通过肢体运动，主动地去争取一个健康的身体。最初古代导引行气术是由舞蹈发展而来的。

原始社会人民生活极为简陋，夏和烈日相争，冬和霜雪抵抗，皮肤较为耐磨，所以很少感冒；因为斗争掠夺的缘故，所以创伤很多；因为食物不能预先准备，有则饱餐，无则断食，所以消化系统疾病多；此外，如心肺、神经等病也是很多，这便是后世内科治疗的起源。我

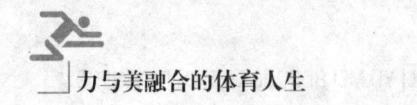

们不必把医药的起源推崇为伏羲或是神农或是黄帝的发明，而是原始社会人民同疾病伤害做斗争，从生活经验的积累中渐渐产生了依靠经验的早期医学。在原始人类凭经验积累创造的早期医学中有一枝奇葩，这就是古代医疗体育。古代医疗体操（在古代称木舞或消肿舞）在医疗体育中大放异彩。

据刘师培《古乐原始论》说：

"上古人氏，竞争日烈，兵器不可叟离，然民不习劳则蔽弱多疾，而服兵之役克胜，故古人称乐舞，使之俯仰屈伸，升降上下，和柔其形体，以节制其筋骨，庶步伐整齐，施之战阵而不怨，此古人重乐舞之本意也。"从其中"蔽弱多疾"、"和柔其形体""节制筋骨"等词句，不难看出这种体育动作的医疗体育价值。在《吕氏春秋》中记载："昔陶唐氏之始，阴多滞伏而湛积，水道壅塞，不行其原，民气郁闷而滞著、筋骨瑟缩不达，故作为舞之宣导之。"古代人从长期生活实践中创造出一套活动肢体的健身医疗操，通过身体活动，减轻了人们的病痛。这就是上古时期有名的"导引"，这在世界体育发展史上是最早的医疗体育的萌芽。说到导引的具体动作，古代导引养生家往往喜欢模仿各种动物活泼而有趣的动作。在《庄子·刻意》中对这种人做过描述："吹响虚呼吸，吐故纳新熊经鸟伸，为寿而已矣。此道引（导引）之士，养形之人，彭祖寿考者之所好也。"意思是说，利用呼吸吐纳的方法，把体内废物排出去，将外界新鲜空气吸进来，模仿熊在枝上悬垂，鸟在空中飞翔中伸足动作，这些不过是为了活得长一点罢了。这就是像彭祖这样人所爱好的事情。彭祖名叫钱铿，相传是殷商时期人，因他的封地在彭城，他本人又被奉为养生家们的祖师爷，所以被称为彭祖。这个具有神话般色彩的人，据说他有极深的导引工夫。中国古代养生术的这种鲜明的仿生特点，在其他文明古国中是少见的。这与中国古代哲学思想，特别是道家回归自然的观点有直接关系。在古代先哲们看来，人只有摆脱了内外种种欲念的干扰，进入完完全全的自然状态，才能取得身心健康。于是与自然完美融为一体的动物就引起了人们注意，他们发现无论是虎跃、马奔、猴戏、蛇行，还是仙鹤展翅、麋鹿疾走，无不是天然自成，没有半点矫揉造作。模仿这些动物不仅可以使导引有取之不尽的素材，而且有助于习练者在心理上进入健身养生极为重要的自然之境。

在秦汉时，导引术有了很大发展，出现了更多的模仿动物的养生练习，除了熊经鸟伸外，还有凫浴、猿攫、鸱视、虎顾等。两千年前的导引是什么样子？今天的人们只能根据史书中文字记载去想象。直到1973年在长沙马王堆西汉墓中发现一幅珍贵的帛画《导引图》，这才使我们第一次亲眼看到古代导引的真实形象。

后来各朝代对古老的徒手操——导引都有进一步研究和发展，创编了二十几套导引按摩操。有些套路除徒手体操外，还有呼吸运动、吞咽、叩齿和按摩，具有一定医疗体育的性质。现试举一例《天竺婆罗门按摩法》坐式。

大约在3000年前，在地中海东部沿海一带，有个古老的国家叫"迦南"。这个国家后称它为"腓基尼"，意思是"紫红国家"，他们以善于航行闻名于世，被同时代人称为"海上骑手"。

当时欧洲人传说，大西洋就是世界尽头，没有人能越过直布罗陀海峡，但是腓基尼人却划着小船，在万顷碧波之上，一只小船像芥末那么渺小，要驾驶它劈波斩浪，不仅需要良好的身体素质，更要求有超人的勇气。他们却胜利地冲出了地中海，完成了环航非洲的航行，这不仅是世界航海史上的首创，也是体育航海运动的首创。

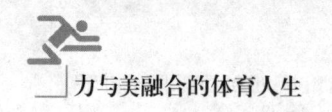

身心愉悦的妙法——瑜伽

什么是瑜伽？有人说古印度瑜伽是一种宗教活动，有人说瑜伽是一种健身方法，还有人说瑜伽是中国式的气功。以上几种说法各有其一定的道理，但仍然不够准确和全面。

要了解古印度的瑜伽，就要先了解古印度产生瑜伽时的历史环境和古印度的世界观。古老的瑜伽是印度文化的典型代表，至今3000年历史。公元前《瑜伽经》作者钵颠阁利创造了瑜伽功著作。瑜伽包括对世界和人生的一整套认识。瑜伽哲学认为：世界是由梵天创造的，人是一个小宇宙。冷静的看一下我们人类实际生存的境况，那就可能发现，的确没自由。人类生存的世界受到无限的物理的、社会的、心理的束缚，人就犹如生活在狱中，备受困扰，一切皆苦，一切无常。而且来自这些束缚的"苦"不单有物理规律性和社会的拘束。从人类开始，无论是植物还是动物，各种存在的东西在生存的任何一个场面都逃不出时间范围。凡在时间范围内存在的东西，都要受到因果必然性拘束，这就叫无常。存在的东西，不管愿意不愿意，都要从过去来到现在，从现在走向未来，即所谓的生死。古印度世界观认为，这种拘束不仅现世有，而且永远生死不息，轮回转生，支配着人类。

在印度给人以强烈印象的是在恒河岸上火葬人的情景。印度人一大半信印度教，他们见到大葬烟起，就认为灵魂离开了，死者升天了，又获得新生命和转生他方。接着就把残留骨灰投到恒河里去，他们就这样把灵魂和肉体分开。

人的某种行为，就成为其原因，以后结出果来。他们认为善有善报，恶有恶报，据此而转生出种种生物来。这种因果报应的束缚要想根除，就必须练瑜伽，否则束缚不能根除，人得不到解脱，从而生者必归死，死者必再转生。

在"无常"的"受苦"现实中，一贯独立存在的自我是不存在的，没有自主性，就不可能有真正自由和真正自我，这就是古印度世界观。印度过去的伟大的贤哲们并没有因为人类生存境况而陷入悲观的宿命论，对他们来说，苦愈大，无常愈重，则摆脱无限束缚获得自由的愿望也无限大，渴望得救的心情也愈强烈。于是经过科学而冷静的理论探索和严格的苦思和冥想，终于找到了摆脱束缚人类的方法，他们把这种方法叫瑜伽，这种摆脱苦难的体验，佛教称之为"涅槃寂静"或称为"圣欢喜"和"梵欢喜"。

瑜伽不是单纯的健身方法。它包含有大量的宗教、哲学、艺术、生理、心理、医学领域的深远真理。瑜伽在这种真理基础上产生，可以说是一种综合性人类科学，它又不单纯是宗教，而是科学的宗教，宗教的科学。

练瑜伽要获得解脱，是否只有像出家人那样放弃人类各种现实生活才能做到呢？回答绝不是这样的。人在摆脱束缚和苦痛时，是仍然可以获得某种幸福感，也就是说，人在获得真正解脱和高层次幸福时，不必压抑或牺牲下层实际存在的各种幸福。相反，瑜伽主张人要获得完全肉体的健康，而且把由此而获得的种种幸福看成是有价值，可以从瑜伽经典功法中积极学一些功法，以求永葆青春，保持容姿端丽健美，也就是说瑜伽实际上由"自我实现"和"自我解脱"两方面构成。就是要从肉体健康及由此产生的幸福起，上至"梵欢喜"这种高层次的至高欢快止，使人们得到各个阶段的幸福。

所谓"瑜伽"就是要抑制和消除心的作用。瑜伽这个词，从其语源来说，本意是"把马具按在马背上""把马套在车上"，简单地说，把有如烈马好动的感官和意念活动紧紧与某个对象"联结起来",使之停止活动,用瑜伽这个词再贴切不过了。从中可以集中精神、去除杂念,使意念静下来,这就是我国气功所说的"空",佛教说的"涅槃寂静"。如果我们平时的自我意识(意念)通过练瑜伽得到控制,以至消除,就会像拨开云雾见天日,"真我"就显现出来。比如,站在岸上看河流者把河流这个事物(自我意识)误认为是真我了。实际上,看河流者(看自我意识或杂念者)才可说是真我。瑜伽就是这样通过精神集中来开发高层次心的世界而发展起来的身心俱练的功法。瑜伽的系列功法分八部:1.禁戒——非暴力、正直、不盗、梵行、不贪;2.劝戒——清净、知足、苦行、读诵、自在神祈祷;3.姿态功——尘功(生理);4.调息功——又名呼吸法;5.制感——偏重生理;6.凝念——偏重心理;7.静虑——理;8.三昧。

瑜伽哲学和瑜伽功不仅对古印度各种宗教有不同程度的影响,而且对一般人的生活和娱乐也有广泛影响。例如,按照《吠陀经》的要求,医生、武士、建筑师和舞蹈家,在开始工作前都要先做集中精力练习;各种形式的绕环跑和舞蹈中的蛇形动作,也是为灵魂转世开辟道路;身体的洁净被看成同灵魂的纯洁一样重要,因而沐浴成为婆罗门教、佛教和印度教共同的重要宗教性活动。总之,一切身体活动都被从宗教的角度加以审视。

瑜伽术对亚洲乃至世界都有较广泛的影响,我国至今仍然有些人用瑜伽术健身锻炼。可见,瑜伽术作为体育手段之一,在3000多年的历史进程中,对我国体育的发展产生了深远的影响。

远古的运动处方

患什么病该吃什么食物,应该怎样锻炼?2500年前的古希腊人已经有一套惊人的理论和实践,为各种病人明确指出了该怎么办,他们把这叫作运动疗法、健身术、体操术,显然已经是运动处方的萌芽了。

在公元前4世纪前后的希腊人,把健康受害时所需要的技术称医术,而把维持和增进健康的技术称为养生术。也就是说,对医术来说健康是目的,对养生来说,特别是对体操术来说,健康则是前提。

令人感到意外的是,而且这确实是发生在希腊的事实,即首先开路推动这种养生术在古希腊文化时代发展成为《卫生学》的竟是被称为"体操家"的人。之所以如此,是因为当时的体操家是以一般人和运动员为对象的,是同饮食和运动等问题打交道的一种职业。他们最先将运动和卫生以及医学相结合。因此,古希腊运动处方是运动与医学结合的产物,是体操家们实践中经验的结晶。后经希腊医学家希波克拉弟将体操家们的经验加以总结升华写成《论养生》一书。这部著作当时作用很大,受到医学界、知识界极大重视。下面列举几个运动处方实例:

患鼻塞不通的运动处方

此病被认为是食量超过运动造成身体内黏液过多而引起的。第一天可进行"四肢的运动",运动量不要使人太疲劳,然后进行温水浴。饭后立即进行呕吐,然后用涩葡萄酒漱口,使气管收缩。最后到室外,在太阳照耀的地方散步片刻。

第二天同样进行散步，但四肢运动比前一天少些，强度减弱。夏天，可不吃早点，正餐也只吃平时饭量的一半。

第三天，平时的饭量和运动。

第四天，增加饭量。

第五天，在呕吐之后吃普通的饭量。这样做之后，如果感觉良好，就可以恢复到以前状态。但要控制饭量，多运动。如果这样做还不好，就可以吃普通的饭量之后两天试行呕吐法。

患有消化不良运动处方

早饭要清淡，可吃面包、炖肉，饭前可饮葡萄酒、吃无花果。运动要多进行，跑步不做长距离跑，可进行快跑，跑后身上涂油进行摔跤，最后散步片刻。另外，在饭后要少进行散步或步行，早晨可多进行。

溏泻时的运动处方

病因被认为大多是强制进行大运动量时引起的。

这时，运动量减少一半，饭量减到平时三分之一。运动时不要使身体过分发热，可进行直线快跑。按摩可少进行些。站立摔跤可不进行。可以在身上涂粉进行跪式摔跤，可进行摆臂或拳击练习，结束可散步。

饭后的散步量，要依饭量而定，散步后，洗温水浴，就寝。这样坚持锻炼10天后，可把当时的饭量减一半。运动量增加三分之一。饭后采用呕吐法，然后慢慢恢复正常。

由以上可见，应该说运动处方在古希腊2500年前就已经有了。当然这种处方是古人见解，必然有一定历史局限性。然而当时认为运动可以治病，这已是难能可贵的了。

《吕氏春秋》蕴含的养生之道

《吕氏春秋》名《吕览》，是公元前241年，中国先秦，秦相吕不韦（约公元前300—235）集中其门客集体编写的一部书。其内容分"八览""六论""十二纪"，共160篇，20多万字；包括政治、经济、文化、教育、卫生、体育等内容，这部书不仅含有政治意义和很高的文化价值，而且有其重要的体育史价值。体育方面主要是推崇养生之道，实际上是继承和发展了以庄子为代表的道家养生思想。书中对养生、治身以治天下的目的，对"顺其自然"、"动以养生"的思想以及对运动与卫生相结合的主张，提出了进一步明确的见解。庄子论养生，体现了我国古代科学体育的萌芽，而《吕览》的养生论，则把我国古代体育在科学发展的道路上向前推进了一大步。这比西方体育科学理论产生发展要早1000多年。

庄子论养生的目的，主要是延年益寿，只是在记述一位种菜老人责备贡时，说了"尔身之不能治，何暇治天下乎？"这一句话，反映了治身以治天下的目的，这是庄子消极世界观的一个表现。吕不韦就不同了，他是一位大政治家、经济家，在论养生治身时，其治国、治身的目的说得十分明确。他说："夫治身与治国一理之术也。"又说："昔者先圣先王成其身而天下成，治其身而天下治。"这就明白指出治身与治国是一个道理，而治身的目的就在于治天下。

为说明养生治身以治天下的目的，书中对养生的重要意义又做了具体分析。他说："故圣人之治天下也，以全（健）其天（身）也。天全则神和矣，目明矣，耳聪矣，鼻臭（嗅）矣，口敏矣，三百六十节（骨节）皆通利矣。"又说："凡事之本，必先治其身。啬（爱）其大室（身体），用其新（纳新），弃其陈（吐故），腠理遂通；精气日新，邪气尽去，及其天年。"这两段原文从养生治身以增强健康，进一步谈到健身与治天下的关系，说明了治身以治天下的目的。这和我们现在说的锻炼身体建设祖国，尽管其观点内容在本质上不同，但其推理和根据则是一致的。

庄子讲养生，从人身自然结构谈起，提出了顺其自然、动静结合的思想。《吕览》在此基础上做了进一步阐述，并明确提出了动以养生、养生贵动的主张。

《吕览》指出："古之治身与天下者，必法天地也。"这句话指明治身与治天下都要法天地。所谓法天地，就是效法天地，效法自然，顺其自然的意思。怎样顺其自然呢？书中对此做了详尽的回答，指出："天生阴阳寒暑燥湿，莫不为利，莫不为害。圣人察阴阳之宜，辨万物之利以便（利）生，故精神安乎形（体）而年寿长焉。"这说明自然环境可以对人有利，也可以对人有害，顺其自然则有利，逆其自然则有害，说明养生要"察阴阳之宜，辨万物之利"，去顺应客观世界的自然规律。这是它解释养生必须顺其自然的一个方面。

《吕览》讲养生必须顺其自然的另一重要方面，指出了养生必须顺应人体的自然规律。书中说："凡人三百六十节，九窍，五脏，六腑。肌肤欲（要）其比（缜密）也，血脉欲其通（利）也，心志欲其和（偕）也，筋骨欲其固（坚）也，精气欲其行也（古人说精气是行血脉，荣卫全身的）。若生则病无所居，而恶无由舍（藏）矣。病之留，恶之生也，精气郁也。故水郁则为污，树郁则为蠹，草郁则蕡（秽土）。"又说："身之窍九，一有所居（郁闭）则八虚，八虚甚久则身毙。"这两段原文从人的自然结构讲起，说明人在生理上只有肌肤紧密，血脉通利，精气顺畅，心志和谐，才能健康。而损害健康的重要原因是身体各部分的郁闭，一处郁闭则影响全身，长期郁闭就会导致死亡。

《吕览》讲养生最值得推崇的是提出了养生贵在于动的主张，指出："流水不腐，户枢不蠹（蛀木之虫），动也。形气亦然。"又指出："昔陶唐氏之始，阴滞伏而湛积，水道壅塞不行其源。民气郁阏而滞箸，筋骨瑟缩不达，故为舞以宣导之。"这两段论述，以其养生必须顺应客观环境自然规律和人体生理自然规律为依据，以户枢、流水做比喻，以陶唐氏时为舞以宣导郁滞为例证，说明养生贵于运动的道理，说得非常形象生动，对后代影响深远。

《吕览》论养生，很重视讲究卫生，主张运动与卫生相结合，在讲究卫生上，它很重视饮食居处卫生，也很重视心理卫生。

"宁静寡欲"的老子养生观

老子是中国春秋战国时期有名的哲学家、思想家。对养生，特别是养生哲学，提出了不少可贵的见解，对后世医学、养生学、哲学、气功的发展起了巨大的作用。他的一套养生哲学，后来被中国道家养生派几乎全部继承下来，并把老子奉为道教的开山鼻祖，奉为神仙，还创造了不少神话。

养生家历来认为，要健康长寿，除了身体外，精神也要健康。如明代养生家高濂说："夫人只知养形，不知养神，只知爱身，不知爱神。"这句话的大意就是，一个人只知道保养身体，不知道保养精神，只知道爱护身体，不知道爱护精神。殊不知"形者载神之车也，神去人即死，车败马即奔也"。殊不知身体好像载有精神的车一样，精神一去，人就死了，车若是坏了，马也跑了。这用现代的话来说，就是要健康长寿，即要讲究饮食、睡眠、生活环境等物质条件，也要重视人的思想和情绪等精神条件，两者缺一不可。老子对精神条件，阐述极详，极深。老子说："祸莫大于不知足，咎莫大于欲得"。这就是说，灾祸莫过于不知足，罪过莫过于贪得无厌。人若是见什么就想要什么，那就要"罪"和"祸"临头了。

为什么会这样呢？他又说："名与身孰亲，身与货孰多，得与亡孰病，是故，甚爱必大费多藏必厚亡，知足不辱，知止不殆，可以长久。"这句话的意思是，虚荣和生命，哪个更亲切？生命和财产，哪个更重要？获得和丧失，哪个更有害？因此，过分贪爱，必造成更大的破费，贮藏得愈多，也必须损耗得也愈多。而知足，就不会遭到困辱，知道适可而止，就不会遭到危险，而可以长久安全。他这句话的中心意思就是你要得到什么，就必须要付出一定的代价，贪得无厌必然会使人身心精力消耗过度，从而有损健康，缩短生命。他认为这是不合算的，把这叫作"益生曰祥"，意即贪求生活享受，就叫做灾殃。所以，老子一再强调要"见素抱朴，少私寡欲"，意即要外表单纯，内心淳朴，减少私心，降低欲望。他又说要"不贵难得之物，"即不要看重稀有的商品，而要"为而不争"，即做什么不要和他人争夺，以免造成精神紧张和七情六欲，危害身体。

老子的养生哲学，在今天看来，也有几分道理。例如，现代生理学家曾做过这样一个有趣的实验，即将一只兔子成天看着老虎而惶惶不可终日，对任何"美味"也不爱吃，也睡不好，结果不多久这兔子就萎靡不振，缩成一团，消瘦无力。相反，另一只兔子，作为对照研究，放在自然的环境里养，结果十分健壮。从这个实验也可以看出，精神、情绪对人的健康长寿是多么重要！

老子反对逞强。什么叫逞强？他说"心使气曰强"，即欲望支配精气叫作逞强。所以，他指出："持而盈之，不如其已。揣而锐之，不可常保。金玉满堂，莫之能守。富贵而骄，自遗其咎。功成身退，天之道。"这句话的意思是，要求圆满，不如不干；尖利锋芒，难保久常；金玉满堂，谁能守藏；富贵而骄，自寻灾害；功成身退，是天之道。

所以，老子认为应该"去甚，去奢，去泰"，意即应该去掉那些极端的、奢侈的和过分的东西。他要求做到"方而不割，廉而不刿，直而不肆，光而不耀"，意即要做到方正而不显得生硬勉强，有棱边而不至于把人划伤，正直而不至于无所顾忌，明亮而没有刺眼的光芒。这就是说，做任何事，都要守中，都不要过，这样自己才不受损失。

不这样做会怎么样？他说"强梁者不得其死"，意即强暴的人不得好死；又说"致数与，不与"，意即追求过多的荣誉反而没有荣誉了。所以，他认为最好是"不欲录录如玉，珞珞如石"，即最好既不想做什么高贵的美玉，也不做下贱的坚石，结论还是守中好。

老子在阐述其政治、哲学见解时，同时非常丰富、细微、深刻的描述了做静功（即坐禅或静坐）时的体会和感觉。有人说，老子可能是由于做静功时深得其奥妙和美不胜收，才想用这种观点治国安民，提出了一整套政治、哲学观点。这种看法，虽属中国气功界部分人看法，但确有其一定道理。

例如，老子说："至虚极，守静笃，万物并作，吾以观复。夫物芸芸，各复归其根。归根曰静。"这句话的意思是：尽量使心灵虚寂，要切实坚守清静；万物都在生长发展，我观察它们的循环往复；事物尽管变化纷纭，最后都各自回到它们的出发点；回到出发点，叫作"静"。这成了后世中国气功家经常引用的最古老的、最经典的练功诀窍。

我们都知道，静功练得好，会使人舒适无比，妙不可言，美不胜收。这种感觉非一般不练静功者所能体会到，而老子体会到了。不仅体会到了，还写成文字流传下来，堪称难得。

"常无欲以观其妙，常有欲以观其微。此两者同出而异名，同谓之玄，玄之又玄，众妙之门"。这句话的大意是人经常可以从无形处看到万物的微妙，经常从有形处看到万物的终极。这两者（有形和无形）各不同，实出一源，都很深远，极远极深，它是一切微妙的总门。可是，怎样才能观察到这些奥妙呢？他认为，只有"专气致柔"（专心守气，致力柔松）和"涤除玄览"（消除杂念，深入静观），才能做到。用气功的术语来说，就是意守丹田，静到妙处，想着丹田可以看其微妙，不想丹田可以看

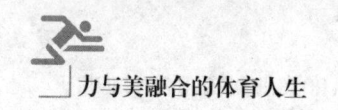

到其终极，千变万化，玄妙莫测。这正是静功入静的写照。可以设想，老子若非练静功深有体会，他是描绘不出这样细微的。

老子不仅对静功深有体会，而且也提出了一套练静功的方法。例如，他说："虚其心，实其腹，弱其志，强其骨。"这意思若从气功或静功角度来理解，即为消除杂念，意守腹部，削弱欲望，强健筋骨。当然，老子要把这种主张推广到治国治民，让人人都如此（"常使民无知无欲"），那当然是不可能的，但在做静功时是完全可以做到的，历来为气功家所重视。

怎样才能入静？老子指出要"塞基穴，闭其门，挫其锐，解其纷"，意即要塞住知识的穴窍，关上知识的大门，不露锋芒，超脱纠纷，以便入静。这可说是中国气功消除杂念、引导入静的最古老的诀窍。

华佗与五禽戏

华佗（141—203），别名旉，字元化，沛国谯郡人。他不仅精通医术、麻醉术，而且一生热爱体育锻炼，讲究科学健身方法，是我国古代精通体育保健，开创医疗体育的先驱者。

华佗遇事好动脑筋，善于进行独立思考。他长年在民间行医，见劳苦大众受各种疾病折磨，十分同情，决心想办法为民众解除痛苦。古书上有句话："圣人不治已病，治未病。"意思是说，真正有德有才的人，不是在疾病已经发生时才去治疗，而要在疾病尚未发生时，去设法防止它。可是怎样才能防止疾病发生呢？他日夜思考着这个问题。一次，他在书房里静心读书，忽听外面有吱吱的响声。出屋一看，见有个孩子抓住门闩来回悠荡着玩，原来是门轴转动，发出了响声，这时华佗联想到古书上说过："流水不腐，户枢不蠹"。这句话的意思是说，门的枢纽由于经常转动，就不会被虫子蛀蚀掉；不停地流动着的水，也就不会腐臭。与此相反，那些静止不动的梁柱或椽檩，就容易被蛀虫咬蚀出一些孔洞，有些水泡子由于静止不流，使其因杂物沉积腐烂而变臭。由此他又想到草木生长的情形。有些草木生长在高山顶上，昼夜经受风吹雨淋，摇动不停，它的枝干就长得坚实而茁壮。而那些隐藏在山谷中或树阴下的草木，由于少受风雨，枝干就长得细弱不坚，生命在于运动啊！华佗根据自己所掌握的生理和医学知识，联系长年医疗实践，认为人体要健康必须经常运动才能身强体壮，防止疾病发生。他明确提出："人体必须经常运动，但不能过度。经常活动，就能使消化力增强，血脉畅通，就不容易生病了。这就和户枢不蠹、流水不腐是一个道理。"华佗能够在两千多年前，就冲破宿命论的思想束缚，针锋相对提出运动健身防病科学见解，以"人定胜天"的唯物论去代替"祸福天定"的宿命论，这在当时不但难能可贵，而且对世界体育理论的发展有着极为重要的贡献。

华佗长年在外行医，走些山野僻路，穿越沟壑林莽时常碰到各种飞禽走兽。他是个兴趣广泛的人，十分热爱大自然，并是个随时观察各种景物的有心人。有时他看到黑熊在林间抱树摇晃或滚地嬉戏，动作粗憨有力；有时见到猿猴攀援树上，舒臂折枝或卷臂倒悬，技巧灵活敏捷；有时见野鹿疾驰，跳跃如飞，体态轻盈优美；有时见到禽鸟栖息湖畔，转头伸颈环顾或展翅飞翔，动作协调自如。这一切，在华佗的心目中，逐渐形成了一种健美运动形象。他便反复观察、琢磨，有时就情不自禁地模仿着做几个动作。就这样，经过一段时间酝酿，他便根据人体生理特点和动作习惯，仿效五禽动作，编成了世界上最早的医疗体操——五禽戏。

在华佗之前，秦朝已经有一种被称为"导引术"的方法。那里边虽有些科学锻炼身体的方法，但却含有浓厚迷信色彩。华佗吸取了"导引术"中"锻炼身体、祛病延年"的合理部分，抛弃了封建迷信色彩，编创了这套五禽戏。这套操是模仿虎、鹿、猿、熊、鹤五种动物的自然动作编成的。"禽"字，在现代是鸟类总称，飞禽和走兽是有区别的。那么，虎、鹿、熊、猿，也不是飞禽，怎么叫"五禽戏"呢？原来在古代，禽字的含义和现在不一样，它是鸟与兽的总称。所以华佗把他所编的体操称为"五禽戏"。

这套"五禽戏"动作多数是在地面上俯卧进行的，同时也有类似今天单杠运动的一些悬垂、倒悬垂动作。动作的连续性很强，一节连着一节，循环反复，几乎没什么中断。这种体操运动量较大，往往只做一节操，即是一禽之戏，就会出汗。五禽戏动作十分形象，有的动作如猛虎扑食，前肢扑动；有的像野鹿疾驰，跃前跳后，探头转颈；有的动作像猿猴玩耍，左纵右跳；有的动作又像猫头鹰夜栖，身体虽然稳静不动，却双目回顾，目光炯炯。这套操不仅姿势优美，生动有趣，而且便于模仿和记忆，所以不论老人和小孩都喜欢。

华佗不但自己把"五禽戏"作为健身体操，坚持锻炼，取得很好的健身效果。他还指导别人。华佗有个邻居吴牢头，他有个儿子名叫珍儿，自幼身体瘦弱，并且患有消化不良症，经常拉肚子。吴牢头为此发愁，总怕孩子不能长大成人。经华佗劝说，珍儿参加了五禽戏的锻炼，不论刮风下雨，他都坚持不懈。经过三个月的锻炼后，珍儿不但拉肚子病好了，而且吃饭也香了，饭量大大增加，人也胖了起来。华佗还很注意将自己锻炼身体的经验传授给学生。他告诉学生："五禽戏"就是模仿五种动物的运动姿势，使人的背部、腰部和各关节都得到充分舒展，通过运动发出汗水，身体感到轻松畅快，风寒消解，食欲随之增加，身体也就自然强壮起来了。吴普和另一个学生樊阿，觉得老师讲得很有道理，便按照他的办法，坚持锻炼，都收到很好效果。吴普活到90岁，满口牙齿还一个没掉，并且耳不聋、眼不花。樊阿活到将近百岁。

一般认为，瑞典是世界上开展医疗体操较早的国家，大约有500多年历史，然而华佗编创五禽戏这样指导思想明确、结构又相当完整的医疗体操,要比瑞典早1000多年呢!华佗所编"五禽戏",后经许多人加工改编,不断充实,至今仍然是我国具有民族特色的有效的医疗体操。

《千金方》中的健身养生法则

儿时,每逢家里人害病,全家老少都要到药王庙去讨药。在殿堂里,供坐着一尊赤面长须、方巾红袍、彩带广袖的古代老者的塑像。两旁立着书童,一只手捧药钵,一只手托药包。前方还卧着一只吊睛白额猛虎。这个老者就是世代著名的"药王"——我国伟大的医学家,唐朝名医孙思邈。

1400年前,在今天的陕西省铜川市耀州区孙家塬的一户姓孙的家里,降生了一个不寻常的孩子。他自幼聪颖过人,7岁开始读书。他有"日诵千余言",过目成诵的才能。20岁时,他便精通了庄老百家之说。当时的隋朝统治者隋文帝,曾请他出任国子博士,他假托有病而谢绝。后来,唐朝统治者唐太宗和唐高宗,都先后征用过他,也一概被他托病谢绝。因为他目睹广大黎民百姓贫病交加,感到非常痛心。他决心做一个民间的医生。他用心攻读大量的医学典籍,并付诸医疗实践。他还把理论与实践结合起来,著书立说。他认为:"人命至重,贵于千金。"所以,他把自己的主要著作命为《千金要方》和《千金翼方》。

"人生七十古来稀"。隋唐时代的大医学家孙思邈却活了101岁,成为我国古代科学家中年寿最高的人。他不仅长寿而且在71岁时写成医学名著《备急千金要方》,更在100岁高龄时续成《千金翼方》。这两部书总结了唐代以前的临床经验和医学理论,广泛辑录了前代各家方书及民间验方,保存了唐代以前大量医学文献资料，不但内容丰富，而且在病症分类上创立了新体系，是祖国医学史上重要典籍。

难道孙思邈生来就有得天独厚过人的体魄吗？不，恰好相反。孙思邈自幼身体羸弱多病，常因病痛折磨而废弃学习。这使他精神十分痛苦。特别是他的好友卢照邻给他的刺激更大。卢照邻文思敏捷，才华横溢，是初唐著名诗人。但因常年卧病，有志难伸，英才难展，于极度痛苦中投颍水自杀而死。朋友的惨死，切身的体验，都使孙思邈感到健康的重要。他想，一个人纵便有凌云壮志和出众才华，但如果没有强健的体魄、旺盛的精力，即使想为社会做一点儿贡献，也是不可能的。他决心改变自己羸弱多病的健康状况，运用"推步导引术"来进行体格锻炼，由于坚持不懈的长年努力，所以不久体质就有所增强。根据历史资料记载，孙思邈在20多岁以后，身体就渐渐好了起来，不久就完全改变了年幼时"弱不禁风"的状况，甚至70岁时仍然"颜貌甚少"，90多岁了，还视力不衰。强健的体魄，旺盛的精力，不但使他得以博览群籍、熟虑精思，还使他能在70岁和100岁高龄时著书立说，为发展祖国医学事业做出杰出贡献。

使孙思邈得以祛病延年、健康长寿的"推步导引术"包括什么内容呢？根据一些零星记载可以推断，这实际是一套医疗体育活动。它大致包括健身拳、自我按摩和气功。孙思邈坚信华佗提出的"户枢不蠹，动也"的健身理论，因此每天坚持锻炼身体，从而收到了健身长寿效果。

坚持参加体力劳动，也是孙思邈得以健康长寿的一个重要原因。年轻时他荷药锄、背药箱，攀藤附葛；年老了，誉满四海了，仍然穿山越岭，春种秋收，坚持不懈。山清水秀的大自然，清新的空气，灿烂的阳光，给他的健康以良好的影响；坚持不懈的劳动，使他气血流畅，筋骨强健。

重视生活卫生是孙思邈得以祛病延年的另一重要原因。他重视饮食卫生，提出人不能贪吃美味而吃得过饱，不能吃不熟的肉食。那些自行死亡的禽兽肉更应坚决禁忌。吃饭时，他要人们细嚼慢咽；睡眠时，他要人们不要以被蒙头；等等。所有这些都是符合科学道理的。对这些，孙思邈不但劝导人们这样做，而且身体力行，坚持不渝。这对于他的健康无疑也起了促进作用。

特别重要的是孙思邈重视精神生活的卫生。他所生活的时代，是个战争频繁的动乱时代。一些名利熏心的人，利用动乱，不择手段、丧尽廉耻地到处钻营，以获得名誉、地位、权势、财利。而孙思邈却把这一切看得清淡如水，不屑一顾。在孙思邈学业成就名满四海后，隋唐两代统治者，都曾以高官厚禄为诱饵，派专使对他进行征聘，结果都被他拒绝了。孙思邈认为，一个人如果不能保持健康的心理状态和稳定愉悦的情绪，终日患得患失，为名利地位焦思苦虑，忧心忡忡，那么即使生就一副钢筋铁骨，或者龙肝凤髓，夏葛冬裘，也是难得健康的。因此，当有人向他询问养生的方法时，他回答说："天有灾情，人有疾病，人的智谋可以战胜天灾，人的道德修养可以战胜疾病。"这话是说得十分深刻的。他告诉我们所谓精神卫生实际是一种道德修养。一个十足的利己主义者，是绝不可能获得心境的安宁和情绪的稳定的。

我们要学习孙思邈的这种精神，做一个体魄健壮、道德高尚、有益于四化建设的人。

孙思邈对于养生学有深刻的研究。他从实践中发现，只讲性功，不会身体运动，一旦疾病侵扰，可能前功尽弃；只搞身体运动，不练性功，也将无济于事，甚至发生气功异常现象。他主张精神与肉体相结合，性功与身体运动并重，方是养生之道。因此，他把养生方法概括分为：养性、调气（包括导引）、体疗（自我按摩）三类。

养性又叫性功，是养生术第一步，也是气功的基础功。它的内容很广，情绪、生活、起居各方面都包括在内。性功不纯，不便调气，按摩不周，不利导引。

养性调气是静，按摩体疗是动，静以生阳，动以养阴。孙思邈主张有静有动，方为得法。

我国古代养生学家有句名言："神是性兮气是命，神不外驰气自定，本来二物互相亲，失却将何作把柄？"神即是性，气即是命。性功对于养生者来讲，却是基础之基础。孙思邈所以把养性列为首要，并在《千金要方》的养性序里说："是以养性之士……耳不极听，目不极视，坐不久处，立不至疲，先寒而衣，先热而解，不俟极饥而食，食不要过饱，不欲极渴而饮，饮不要过多。"

他还说："是以善摄生者，卧起有四时之早晚，兴居有至和之节制，调利筋骨有偃仰之方。祛疾避邪，有吐纳之术；流行荣卫，有补泻之法；节宣劳逸，有与夺之要。思怒以全阴，抑喜（按：包括兴奋）以养阳……养性之理。尽于此矣。"（《备急千金要方》）

他对那些好逸恶劳，嗜食厚味，不做体育锻炼却想延年的人，告诫说："虽常服饵，而不知养性之术，亦难以长生也。养性之道，常欲小劳，但莫大疲及强所不能堪耳。且流水不腐，户枢不蠹以其运动故也。"（《备急千金要方》）

调气，总称调息，包括调后天呼吸。之气与调先天丹田之气。呼吸调息法讲的是调呼吸之气，将呼吸调得极细极微，鸿毛不动，呼吸无声，是古代养生家吐纳之术，也就是和神导气之道。孙思邈在《千金要方》调气项内，曾引用我国古代养生家彭祖的话："和神导气之道，当得密室，闭户安床暖席，枕高二寸半，正身偃卧（仰卧），瞑目（双目垂帘），闭气于胸膈中，以鸿毛著笔而不动，经三百息，耳无所闻，目无所见，心无所思，如此则寒暑不能侵，蜂虿不能毒，寿三百六十岁，此邻于真人也。"

丹田调息法讲的丹田为元气运行和储藏之所，是导引关键处。孙思邈在调气法第五项写道："每旦夕（五更初为旦，日落后为夕），面向午（南），展两手于脚膝上，徐徐按捺肢节，口吐浊气，鼻引清气，良久，徐徐乃以手左托右托，上托下托，前托后托，噀目张口，叩齿摩眼，押头拔耳，挽发放腰，咳嗽发阳振动也。双手只作，反手为之。然后掣足仰振，数八十九十而止。"（以上乃调息前的床头锻炼）

"仰下徐徐定心，作禅观之法（即双目垂帘之法），闭目存思，想见空中太和元气，如紫云成盖，五色分明。下入毛际，渐渐入顶，如雨初晴，云入山巅，透皮入内，至骨至脑；渐渐下入腹中，四肢五脏，皆受其润，如水渗入地若彻，则觉腹中有声汩汩然。意专思存，不得外缘，斯须即觉元气达人气海，须臾则自达八涌泉。则觉身体振动，两脚卷曲，亦令床有声拉拉然，则名一能。一通二通，乃至日别得三通五通，则身体悦泽，而色光辉，鬓毛润泽。耳目精明，令人食美，气力强健，百病皆去。五年十岁，长存不忘，待满千万通，则去仙不远矣。"

本文主要讲的是利用丹田调息，激发先天元气，达到一通乃至千万通、任督两脉通，终于得到祛病延年，乃至须眉重生，耳目聪明，容光焕发。这就不是单纯性功或体育所能做到，而是养性与调气，导引与体疗合作之成果。

孙思邈非常重视体育锻炼，特别是自我按摩。此法简单实用，老年病体，尤为相宜。因此，他在养性篇后又介绍了天竺国按摩法和老子按摩法。这两种按摩法内容非常丰富，提供了锻炼身体的多种方法，是研究我国古代养生学和气功的好材料。

武则天与"唐朝美"

从秦始皇到清朝末年，在中国历代219个皇帝中，平均寿命不过39.2岁，其中活到70岁以上的仅8人。如果以寿命高低为序排列，除了乾隆（1711—1799）皇帝活了89岁、梁武帝萧衍（446—549）活了86岁外，其次就要算武则天（624—705）了。她执掌朝政50年（实际称帝15年），享寿81岁，这在"人生七十古来稀"的古代，确实是不多的。

武则天何以高寿，与体育活动有何关系，正史上见之于文字记载，寥若晨星。有关她体育活动的史料主要是武则天关于"长安二年"开设的武举制，推动了民间和军队中武艺的普及和提高。其实，这位叱咤风云的女皇，在体育活动中，也是一位不让须眉的女强人。

武则天的母亲杨氏享寿92岁。从遗传学看，武则天的遗传因素极好。据说她出生时头发又黑又浓，少年时期身体发育很好，加之有习武的环境。在家庭、社会的影响下，她学会了骑马射箭，能文能武，14岁被朝廷选为唐太宗的后宫，封为才人，深得太宗喜爱，称为"武媚""媚娘"。

"才人"不单要能文、能诗善歌，还要能武，要能骑马射箭，护卫皇后、皇帝、皇后车驾出行时，才人骑马侍从车驾左右，有时表演射箭。杜甫诗云："辇前才人带弓箭，白马嚼啮黄金勒，翻身向天仰射云，一箭正坠双飞翼"（〈哀江头〉）。另一唐人坠纶的诗也说："行遣才人斗射飞。"有一次，唐太宗新得一匹好马，名叫狮子骢，身躯高大，性情暴烈，简直无人能制服它。武才人对太宗说："我能制服它，不过需要三件东西，第一是铁鞭，第二是铁锤（槌子），第三是匕首。如果用铁鞭打它，它不服，就用铁锤，击其头；还不服，就用匕首断其喉！"一世英雄唐太宗听罢，也不免暗暗惊奇，称赞她有胆略！

后来，武则天当了皇后，仍骑马射箭，有时还率领将士练兵、射猎，几次检阅军队，骑着骏马，眉飞色舞。为了提倡尚武精神，她创设了武举考试制度，其制有马射、步射、平射、筒射等。她还叫近卫军高级将领也参加射箭比赛，并拿出"金宝"来奖赏优胜者。武则天活到七八十岁时，还爱骑马。

唐代是我国马球运动盛行的时期，上自皇帝，下至诸王大臣、文人武将，大都以此为乐。唐太宗以武治天下。宫廷尚武风气很盛，宫女们经常参加体育活动，持杖驱马、击球决胜的马球运动使宫女们也受感染，逐渐地产生了打马球的欲望，而且越来越强烈。太宗知道此事后，下旨准予她们成立球队，并从太宗的侍女和后宫嫔妃中挑选了五六十个身体健康、机智聪明的年轻人，由擅长马球运动的教官担任训练。开始训练时，武才人并不是这球队的选手。但是武才人身体匀称，动作敏捷，爱好运动，加之她热衷的王图霸业，敏感地发现打马球可在太宗面前炫耀自己，从而得到太宗的赏识。于是她拉拢教官，给她们各种恩惠。不久，有的宫女在训练中因胆怯常常落马受伤，退出球队。在补充空缺时，武才人成了马球队的选手。在训练中，她的双腿酸痛不已，连走路都不方便。但她一旦参加了比赛，就把一切痛苦都抛开了。

经过一段时间的训练，爱好运动的武才人马球技术迅速提高，她的技术出类拔萃，不但赶上而且超过了最早的一批选手。其他选手对她的实力坦诚的敬服，加之她天生的统帅才能，武才人成了这支女子马球队当之无愧的队长。

8月的一天，唐太宗举办宫人马球比赛。由于是首次女子马球比赛，整个唐宫都沉湎在兴奋之中。太宗也率领长安城里的文武百官、王子王孙进入球场，坐在楼阁中央的御座观看。

赛时，一切仪式都和男子相同。第一场鼓响后，在雄壮的军乐声中，四十多个骑着马的女选手们，威风凛凛地从玄武门来到球场，排列整齐的队伍绕场三周，全场观众的欢呼声一浪高过一浪。只见她们一队身着绯色绣球服，另一队身着紫色绣球服，全是长衫、窄袖、拦腰拴一条丝织成的腰带，下着紧身灯笼裤，脚蹬一色齐膝长筒马靴，个个左手扯缰，右手持一根约二尺五寸的球杖，前端弯成汤匙状，球杖上面还卷五彩的绢布，鲜艳的薄绸卷着她们的高髻，插着红色、黄色的菊花。第二场鼓响后，四十多匹排列整齐的马面朝太宗，选手们手持马缰绳站于马侧，用银铃般的声音，三呼皇上万寿无疆。随着一阵连绵不断的小鼓声，选手们立即跃上马背，分成两队开始比赛。顿时，场外观众无一喧哗，场内选手的呼叫声、马蹄声混成一片。她们时而运球突击，时而驰马争夺，不断挥杖击球；她们有时臂膀交错，并驾齐驱；有时马蹄重叠，东奔西驰，为了一只彩球，你争我抢，拨来打去，谁也不放过机会。在武才人的指挥下，同队选手们互相呼应，进退整齐，三四人佯装打球，吸引对方五六人前来阻挡。距离球门不远的武才人，只见一球从空中落下，她突然长驱向前，驰马争夺，到达球的落点，弯身快要摔下来的程度，对准彩球，挥杖一击，对方阻挡不及，彩球入球门。此时场外鼓乐齐鸣，观众群情激动，人们沉醉在观赏比赛的欢乐中。太宗也甚为高兴，不断地赞扬武才人的技巧。经过一番鏖战，以武才人为首的一队，在雷鸣般的喝彩声中，获得胜利。

赛毕，武才人带领选手们排列在皇上面前，以清朗的声音，共颂皇恩浩荡。随后在军乐声中绕场一周，由玄武门退出。

武则天小的时候，就非常喜爱秋千这项活动，她的父亲在做都督时，庭院中设置了秋千。入宫后，她趁着宫女们午睡的时间，一个人到庭院练习，慢慢地她可以在秋千上自如地荡来荡去，摆动的幅度逐日增大。中午的阳光照在她的身上，汗水渗透了薄衫，她一点也不在意，顽强地坚持锻炼，有时还进行较剧烈的运动。这时的武才人头发束成高髻，肩上披薄纱，秋千的摆动带动着空气，发出呼呼的风声。她的身体感到非常舒服、爽快，她的心情也感到非常愉快。逐渐地，在春风和煦、月光皎洁的夜晚，她也坚持锻炼。美丽动人的武才人，轻荡秋千，空中飞舞，飘飘如人间仙子，月中嫦娥，美妙之处，胜不可言。

唐太宗死后，武才人失宠，27岁时到长安的一所寺院——感业寺当尼姑三年多。这期间，她的生活是痛苦的。但是，作为一位襟袍非凡，胸有大志，热衷王图霸业的女强人，她用清醒的头脑观察着宫中一切事物，决心实现"唐三代后有女王武氏灭唐"的天降大任，挺起胸膛接受意志的磨炼。一个人如果抱有这样一种信仰，心情会趋于宁静，精神会有所寄托，从而有益于身心健康。在感业寺，她静坐念经，随师拜佛，学习了许多佛门的清规戒律，更加增添了她信仰佛教的信念，更是"结跏趺坐"，以求"身心不动"，让她的思想处于清新恬静的状态，摒弃烦恼与忧患，保持心理上的健康与平衡。

执政期间，她虽身处深宫，仍能瞑目静坐，调息养心。武则天通过习练气功，对自己身心进行意、气、体结合的锻炼，达到了健身和防病的目的。所以她能一直耳聪目明，身体健康，以满腔的勇气，过人的精力，指挥着文武。

世界第一部养生学

公元260—261年间，即在甘露五年至魏文帝景元元年之间，在广泛研究养生学并总结了两汉以来养生经验的基础上，产生了中国第一部养生学专著，即嵇康的《养生论》。嵇康是曹操的重孙婿，在司马氏掌权时，他在政治上受压抑，故把精力花在文学、音乐和养生方面，在魏晋时期成为著名的文学家、养生家。他出生在谯国锤（今安徽宿州市），出身于寒门庶族。《嵇康传》中说他"长而好老、庄之业，恬静无欲，性好服食，尝操御上药。善属文论，弹琴咏诗，自足于怀抱之中"，看来他是位善于养生，兴趣爱好十分广泛的文学家。

嵇康这篇《养生论》在我国古代养生发展史上具有重要的意义。

嵇康《养生论》的主要内容是说，只要调养得理便"可以长寿"。精神与形体有相互联系和相互依存的关系。作者通过一些具体事例，从正反两方面说明"性命之理，因辅养以通"并论述了"修性以保神，安心以全身"，"呼吸吐纳，服食养身"能使"形神相亲，表里俱济"的意义，从而指出"善养生者，重在养神"，"无为自得，可以延年"的结论。

首先，嵇康的养生观点与他的哲学观点紧密相连。文中提出"形神相亲，表里俱济"的观点，阐述了精神与形体相互联系和相互依存关系，表现他对养生的唯物主义的认识。

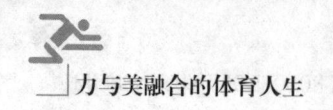

其次，他的养生观点，面对现实状况，有着很强的针对性。他从愤世嫉俗的政治态度出发，强调"清虚静泰，少私寡欲"。他指出世人所以不能长寿的原因，正是当时社会现实的反映。他在《养生论》中写道：（译文）

"……然而，社会上的人看不到这点，只见五谷，只沉溺在歌舞女色之中，眼睛被天地间万物所迷惑，耳朵只从事于听淫邪之声。甘甜的滋味煎熬着自己的腑脏，浓厚的美酒烧煮着自己的肠胃，芳香的气味腐蚀着自己的骨髓，喜怒扰乱着自己的元气，思虑消磨着自己的精神，哀乐危害着自己的品性。凭这小小身躯，攻击它的不是一方面，容易耗尽的身体，又内外受敌。身体不是木石，难道能维持长久吗？那些只凭主观意愿办事的人，饮食不节制，以致生百病；爱好女色不停歇，以致使身体疲乏不堪。风寒所带来的灾害，百毒所形成的伤害，使其在各种各样的灾难中生命夭折。社会上都知道可怜讥笑他们，说他们不善于持养自己生活习性。可怜他们短命。实际上，使他们死亡的是不引起注意的小事，把这些不引起注意的小事积少成多，便对人体造成损害，把这种损害积少成多，就使人体衰退，从人体衰退到头发变白，从头发变白到人衰老，从人变老到使人终死，不知不觉地在发生变化……"

《养生论》中所阐明的养生方法具有一定的积极态度，表现出人的主观能动性。"导养得理，可以长寿"比较强调人为的作用。作者以"一溉之益"来说明养生作用，并提醒人们警惕"一怒""一哀"的危害，要"慎重险于未兆"，要持之以恒。

《养生论》一文中写道："……在商汤时候，种植庄稼遇上大旱，灌溉一次最有功效。虽然经过一次灌溉的庄稼，还是被晒焦了，但是灌溉一次带来的好处，确实不能小看。社会上常常说，偶然生气一次不足以侵蚀性情，偶然一次悲哀也不足以伤害身体，于是就轻视了，而不去约束它。这就好比不认识一溉之益。反而希望从旱苗中长出好谷子。因此，君子懂得形体依靠精神生活，精神依赖形体而存在。领悟到生命机理容易丧失，明白一次过错能危害生命，所以修炼性情来保养精神，安定心思来保全身体，爱憎不停留在感情上，忧喜不出现在意念之中，恬淡地对一切不发生兴趣，而气质和缓平静，又呼吸吐故纳新，服药食气，保养身体，使形体和精神互相亲热融洽，表里互相接济帮助。

嵇康的养生方法，能从人的生理出发，提出一些比较切合实际的健身法，具有一定合理性。比如他提出生活条件对人体的影响，不要过于追求生活上享乐，要重视日常生活饮食起居的节制等，这些都是比较符合科学的。

嵇康把调养看作是延年益寿的手段，但夸大了调养的作用。他所说的调养包括修性安心、呼吸吐纳和服食养身三个方面。修性安心与儒家"仁者寿"相似；呼吸吐纳有科学性。服食养身是养生论重点。他说"上药养命""中药养性"，极力鼓吹吃仙药，这些玄妙的说法，在当时影响很大，在统治阶级中煽起了"服食"之风。在玄学影响下，嵇康的养生术强调修性安心，轻视了体育锻炼，宣扬了服食，这对体育的发展造成了不利的影响。

开养生先河的鼻祖

我决不坑害患者，决不对患者做坏事，
我只一心想尽我所有能力和判断力来利用养生法救人。

——希波克拉底誓言

希波克拉底是2400年前古希腊养生家，被后世称为医圣、运动医学创始人。人们对他在2400年前就提出一套养生理论、运动医学理论和医疗体育理论无不惊叹不已。对他能一反当时存在的错误理论潮流，又为体弱多病者提出一系列具体养生处方，还为一般健康人和运动员提出系统的运动医学知识，都赞不绝口，认为实属难能可贵。

希波克拉底在公元前460年前后生于小亚细亚附近的开俄斯岛。公元前359—前357年间死于色萨利的拉里萨。他的祖先是祭神官，但父亲却是神殿医师团的成员，他的医术与他父亲的影响自然有一定关系。

在公元前4世纪的希腊人，都把健康受害时所需要的技术称医术。对医生来说，健康是目的。对养生术来说，特别是对体操术来说，健康是前提。

养生一词在中国、日本和其他东方国家，容易被理解为老年人的保健术，但是希波克拉底的养生术却不只是以老人为对象，他把精力旺盛的人和年轻人也作为对象，他不仅阐述了病弱者的养生术，而且也阐述了健康人的养生术（包括运动员的养生术）。

希波克拉底首先在其著作中，阐述有关养生的基础理论。他说："所谓医术，就是要了解什么是人，人是靠什么原因而生的。"他明确提出了"体液理论"。他在著作中写道："人体内部有血液、粘液、黄胆汁、黑胆汁，所谓人的自然性就指这些东西，而且人就是靠这些东西而感到痛苦或保持健康的。"

1. 血液（harma）

2. 黏液（phlegma）

3. 黄胆汁（cholexanthe）

4. 黑胆汁（cholemalania）

所谓健康，就是指这些体液互相混合比例、性能和量等的调和均衡，处于混合完整状态。相反，所谓疾病，就是指这些体液中某一种分离出来处于孤立的状态。这时人体部位不仅会生病，而且因这部位出问题，可能使身体产生空虚和移动，从而使身体感到痛苦。

他还明确指出：所谓养生，就是要采用各种措施，使这些体液的混合变得调和。当然，体液调和，即使一个人身上也不是固定不变的。其混合率根据年龄、季节、饮食等而变化。为了预防疾病和保持健康，必须顺应各自实际情况采取适当措施。

希波克拉底在著作中还详细叙述了养生方法。他重视饮食疗法。另外还阐述了涂油、按摩、洗澡、呕吐、绝食、睡眠、运动等养生术。

希波克拉底直截了当的指出："没有饮食疗法就没有医术。"人和动物不同，人不能原样摄取自然界的恩赐与食物。

在《论健康时的养生》一书中指出："它不是病人或恢复期疗养的一部分，而是为了健康人维护和增进健康与体力而写的养生法。因此，它不仅采用以饮食为中心的消极的保健法，而且也积极采用身体运动，这是它的特点。公元5世纪希腊养生术，其含意就如此广泛，这同特定概念严密的体操术，几乎是一样的技术。这一点同东方特色的养生这个词所产生的印象，是颇为不同的。希腊人连竞技运动都吸收进来构成养生法，甚至在计划呕吐的时间时，规定在跑完10古希腊长距离（相当6606英尺）然后再进行。呕吐，是古希腊人一种独特的养生法。

希波克拉底十分注重个人养生应因人而异，因此他在养生术中分别介绍了"适应季节养生法""适应体格和体质养生法"、"适应年龄和性别养生法"。

希波克拉底所说的运动，含意广泛，不仅包括看、听或说等活动，甚至连思考问题也包括在内。他所以这样做，是因为他把感觉或思考也看成是"精神"的运动。他还在著作中盛赞体操家的功绩："当时的医生没有重视对健康关系极大的养生法。不，何止不重视，有时简直无视养生法，但是，当时注意到养生法并对此提出适当忠告和指导的，意外的竟是体操家（zymnastes）。"他还写道："养生术作为治疗术有关的新分支，愈来愈引起人们的关心，但从旧式医生那里什么也没得到。而开创这个新分支的，原来是一些体育指导者和竞技运动的教练员。"

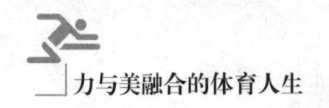

奇特的葬礼和宴乐竞技

在特洛伊战争中,希腊英雄帕特罗克洛斯不幸阵亡。希腊全体将士心情无比悲痛……柴堆刚刚点燃,刮起一阵风,柴堆很快就熊熊烧了起来。那天夜里,阿喀琉斯一直待在柴堆旁哀悼他的挚友,在柴堆周围给他奠酒,呼唤他的幽灵。天将拂晓,火堆就要烧尽了,希腊人用酒将余火浇熄,捡起帕特罗克洛斯的骨灰,放在一个金坛子里,然后带回阿喀琉斯的帐篷,盖上一块柔软布。

办完帕特罗克洛斯后事以后,阿喀琉斯又命令部下举行盛大葬礼竞技比赛以纪念他的战友。命令战士们围坐在海滩,在暴风雨声中,由一位军官从船里拿出来大锅、铜鼎、灰色的铁块和黄澄澄的金子,又牵出高头大马,驯顺的骡子,健壮的公牛,还有花枝招展能干活的女奴。把这些都作为竞技奖品。

"好丰厚的奖品啊!"在战士中间有人喊道。

"比赛开始。"一位仪式军官发出命令。

只见第一项战车比赛,有五名骑手参加。他们扬鞭催马,驱车竞驰。荒野上,车轮滚滚、烟尘飞扬,叫喊声甚嚣尘上。经过一场激烈争夺,赛出了先后名次,依次获得不同奖品。

下面是拳击比赛。只见两个彪形大汉,身穿短裤,手扎精制皮条,在圈子中心,挥拳格斗,雀跃相击,皮拳相碰,吱吱作声。突然一个高个战士运动员寻找空隙向对手脸部猛击一拳,对手顿时被打倒在地,嘴角流出鲜血。围坐的战士们高声喝彩。胜利者获得一头骡子,失败者得到一只酒杯。

第三项比赛是摔跤。比赛十分激烈，奖品设置更加贵重。胜者得到一口三条腿的精制铁锅，价值12头公牛。败者可得一个熟悉家务的女奴隶，价值4头公牛。

两个健壮的摔跤手虎步登场，互相扭摔。开始，相互势均力敌成僵局，不多久，彼此掼摔，争力斗巧，考验体力，直至分出胜负。胜利者欢跳着捧走一口铁锅。铁器昂贵，比败者得到的女奴价值高出3倍。

摔跤比赛后，阿喀琉斯陈列出赛跑奖品。有一个名贵的雕银调钟，是死者的遗物，准备把它奖给跑第一的人。此外，还有一头肥牛和一块金子是为第二、第三名设置的奖品。赛跑运动员就地出发，绕过海岸跑回到原地，前三名依次领走奖品。

阿喀琉斯这时又拿出一支长枪、一面盾牌和一顶头盔，这是为武装角斗准备的奖品。角斗者身穿盔甲，使用锋利的长枪进行格斗，只见格斗者双方兵器寒光闪闪，杀声震天，格斗以先戳破对方防护器具，并刺出血来为胜。两名角斗士兵刀相击，铿锵作响，在一方矛尖触及对方喉头时观众惊呼叫止，矛头应声而住，从而幸免了一场流血事故。

这种武装角斗，真枪实盾，有较量武勇之心，无嗜血为乐之意。这同残酷角斗有本质区别。

投掷铁饼比赛奖品是一大块灰铁。四名赛手争夺，其中一名身材高大者长臂一挥，把铁饼掷过了整片田野，获得胜利。

葬礼竞技最后一个项目是射箭。在海滩上远远地竖着一个桅杆，杆头用细绳拴着一只活泼的鸽子，鸽子就是箭靶。第一个射手弯弓一箭未中目标，但射中了拴鸽子的细绳，那鸽子就扑啦啦地振翅飞上了天空。另一射手手疾眼快，翻身拉弓嗖一箭，正中鸽子翅膀，那鸽子飘飘摇摇地坠地而死，周围观众叫好声响成一片，最后射鸽者获头奖，射中绳者获二奖。

比赛结束后，由希腊联军总首领阿加门农作投掷标枪表演，他的投掷技术无人可以匹敌。阿喀琉斯把一口全新雕花大锅奖给他作为纪念。

这是一次阿喀琉斯为帕特罗克洛斯举行的葬礼竞技会。经过八项比赛，最后圆满结束。这是一次人类社会的童年时代的竞技(公元前11世纪—公元前9世纪)，那时部族间经常攻伐，有时又联合起来对外进行掠夺。战争需要发展人们的军事技能，在这种社会背景下出现竞技，必然带有比较浓重的军事色彩。

葬礼竞技这一体育竞赛活动，被荷马时代盲诗人荷马所著史诗《伊利亚特》和《奥德赛》所生动描写。这两部作品，不但是古希腊一部伟大文学作品，而且是一部很有价值的历史文献。

在《奥德赛》中，史诗还描述了一场宴乐竞技：奥德赛在渡海回乡途中，漂流到腓依基人居住的福岛上。腓依基国王阿吉诺设宴款待他，并邀请他欣赏竞技和舞蹈。他们来到竞技场，随之涌来上千观众，许多年轻的贵族，以及国王的三个儿子都参加了竞技。大家欣赏了那扣人心弦的赛跑，紧张的角力，轻巧的跳高，精彩的投石，灵敏的拳击。国王的一个儿子当场向奥德赛挑战："尊敬的老者，如果你学过哪种技艺，你也来参加竞技吧！"旁边还有人随声附和，刺激奥德赛下场比试。奥德赛经这一激，动了肝火，就地一跃而起。对着国王儿子大声说："好！让我也来试试。"他说完穿着长袍就下场了，他拿起一块又大又厚的石饼，摆了摆臂，嗖！一下把石饼扔了出去。石饼在空中发生嗡嗡声响，从一些腓依基人头上飞过，远远落在最高纪录线的前面，一下子把在场的人都镇住了。国王儿子口中不断地称赞："好一个大力士，真棒！"说完就赶快请奥德赛回到原位观看下面的竞技项目。

当时社会生产力虽然有了提高，但是生产者还不能摆脱非常繁重的原始劳动，一般人都向往休闲娱乐，贵族奴隶主更是好逸恶劳。竞技具有欣赏价值和自娱价值。在当时社会条件下，便被纳入宴乐活动之中。

古希腊早期体育活动，是人类社会童年的产物，它虽然天真而简朴，但是这种葬礼竞技和宴乐竞技，却已在体育竞技方面初具雏形，它对后世竞技运动的发展具有深远而广阔的影响。

《春秋》《论语》话健身之道

受历代尊孔读经的影响,孔子在人们的心目中是个斯斯文文的老夫子。后来反映在漫画上,孔子的形象大抵是文绉绉、干瘪瘪的糟老头儿。他晚年临终时也许如此,可他的大半生并不是这个模样。

首先,孔子的个子很高,被当时的人们称为"长人"。荀子说:"仲尼长",司马迁的《史记》说得更具体,"孔子长九尺有三寸,人皆谓之长人而异之"。那时的尺子短,一般人长八尺到七尺,孔子的身高是可观的。

这个大个子好动,多才多艺。不但能晓诗书,喜欢弹琴唱歌,而且最擅长射箭和驾马车。当时的人夸他"博学""多能"(《论语·子罕》)。据《礼记》记载:"孔子射于矍相之圃(在曲阜城西南角),盖观者如堵墙。"有那么多观众挤着看孔子射箭,说明他的射术不错。有次达巷地方的人说孔子"博学而无所成名",孔子听了对学生们说:"吾何执,执御乎?执射乎?吾执御矣!"(《论语·子罕》)不管这句话有什么言外之意,可以看出他对这两项运动随心所欲,想练什么,就练什么,似乎对驾马车更感兴趣。

孔子的体格蛮壮,年轻时力气很大,跑得也快。他的劲大得能把沉重的城门挺开(《吕氏春秋》《淮南子》中都说"孔子之劲构国门之关")。郭沫若同志在《十批判书》中说孔子是个"千斤大力士"。《淮南子》中有一段有趣而有点夸张的描写,说孔子的勇超过古代著名的勇士孟贲,腿跑的速度能追野兔子,力气大得能推开城门,真是多能啊("勇服于孟贲,中蹶郊菟，力抬城关，能亦多矣"）。

孔子还爱好钓鱼打猎，并讲究练这方面的硬功夫。《论语·述而》中说，孔子用一竿钓鱼而不用绳索钓鱼；射飞鸟而不射歇宿的鸟（"子钓而不纲，弋不射宿"）。孟子也说孔子在鲁国作官的时候，"鲁人猎较，孔子亦猎较"。

这样说，孔子不像个粗人了吗？不但像，他本来就是个粗人。孔子青少年时放过牛羊，当过吹鼓手。他自己也承认年少时"贫且贱"，并说他没有当官，所以会一些技艺。（《论语·子罕》："吾不试，故艺。"）鲁国的太宰很奇怪孔子怎么会有这么多本事，孔子说："太宰了解我吗？我年少时是下层贫贱的人，所以能干许多卑贱的技艺，君子会有这样多的技艺吗？不会多的。"（《论语·子罕》："太宰知我否？吾少也贱，故多能鄙事，君子多乎哉？不多也"）。孔子读了书，做了官，逐渐看不起用力气的事，更轻视体力劳动。他自己"不肯以力闻""勇力不闻"（《吕氏春秋》《淮南子》）。这种矛盾现象自然是孔子历史和阶级局限性的重要表现，直到今天在我们身上，也还能或多或少地看到它的一点踪影。

孔子的言论中一直强调"德"，不怎么讲"力"。甚至对千里马，他也只是称道其德，而不称道其力（《论语·宪问》："骥不称其力，称其德也"）。这虽然有点片面，但从崇尚德的方面讲，有其一定的含义。

在孔子以前的周朝官学中就有礼、乐、射、御、书、数六门课，称作"六艺"。孔子的教育中也有"艺"，学生中"身通六艺者七十二人"。对孔子教的"六艺"内容，历来有不同看法，有说是诗、书、易、礼、乐、春秋的。不论怎样，从《论语》中看，孔子对学生们是常讲射、御的。

射箭是古代人的一项生活和军事技能，发展到孔子所处的时期，也成为一项体育运动，有了训练、比赛以及相关的礼仪。从孔子下述两段话中，能看到当时社会和射箭比赛发展的一些迹象。

第一，孔子说："射箭比赛主要不是要求射穿做靶子用的兽皮，而是要求射得准。因为人们的力气不同，这是古时候就有的。"（《论语·八佾》："射不主皮，为力不同科，古之道也"）当时有一种"主皮之射"，强调射穿兽皮靶子，这可能对狩猎和作战有一定实用性。孔子不赞成这样用射箭赛力气，而主张赛射得准，这有利于技术的发展。

第二，孔子说："君子没有什么可争的事，如果有的话，就是射箭比赛吧。赛前，相互作揖，彼此礼让地上场，赛完下来一起饮酒相贺，这就是君子之争。"（《论语·八佾》："君子无所争，必也射乎？揖让而升，下而饮，其争也君子。"）

周代射箭比赛盛行，从天子、诸侯、大夫到士，有大射、燕射、宾射、乡射等，等级名分很严，各种礼仪烦琐，射时奏什么乐，用什么做靶，怎样行礼，站位，都有不同规定。贵族统治者企图通过这种礼仪来"明君臣之义、长幼之序"，以巩固其统治。孔子说"无所争"之类，自然也是为其服务的。但就射箭等体育比赛说，讲究有礼貌，比起乱争乱斗一气，不能说不是一种文明和进步的表现。

在经传中可以看到孔子教学有个特点，即他爱好野外活动，常和学生们一道郊游，边观赏山川景物，边讲学议论。《论语》中说孔子带着学生"游于舞雩之下"。舞雩在曲阜城南三里，沂河南岸，是个大土丘，上面树林繁茂，视野广阔，至今曲阜南郊仍有"舞雩坛"的古迹。

孔子还喜欢带着学生登山。据《论衡》《说苑》《韩诗外传》等记载，他登过泰山（现仍有孔子登游处的古迹），登过曲阜周围的东山、农山、景山、戎山等。

《论语·先进》中有一段讲孔子提倡郊游，叙述得颇生动。大意是这样：有一次孔子和子路、曾点、公西华三个学生在一起。孔子先问他们：如果有了知己之人，愿意干点什么？曾点正在鼓瑟（古乐器），回答说："暮春的时候，换上春装，五六个青年，六七个少年，到沂河里游水洗澡，在舞雩坛上进行风浴，唱着歌回来"。孔子听了感叹地说："我是赞成曾点的"。古代的"雩"是求雨，要舞蹈唱歌。从这段启发式教学的意思看，不像是喜欢求雨，而是表达了一种向往在大自然中陶冶的乐趣。在古籍中，这可能是我国最早提倡学生郊游,在江河中进行水浴和空气浴锻炼的记载。

孔子说:"知者乐水,仁者乐山。知者动,仁者静;知者乐,仁者寿。"(《论语·雍也》)孔子是个仁知俱重,山水皆爱的人。因此对这段话,似乎不必字字拘泥。连起来看,可以理解为:"有知识有道德的人,喜爱山水,动静自若,从中陶冶性情,得到快乐与长寿。"孔子一生到处奔波,周游列国,饱览神州大地的山水,有这样的实践体会是不奇怪的。

孔子的饮食等生活方面有不少讲究,集中反映在《论语·乡党》篇里。其中虽浸透着尊君、敬神观念,并有贵族生活的繁文缛节,但也有对人们健康有益的合乎科学的卫生保健知识。

看看他的八个"不食":1.霉粮馊饭,烂鱼败肉;2.颜色坏的;3.发臭的;4.夹生饭或烹调不当的;5.调料不当的;6.不合时令的;7.肉切得不方正的;8.市上买的酒和熟肉。应当说,至少前面六条合乎卫生。

孔子主张"食无求饱""不过饱""食不语,寝不言"等,至今仍不失其为通俗而行之有益的健康格言。他每顿饭要点生姜,喝酒不喝醉。他把生病看成与战争和祭祀一样,谨慎对待(《论语》:"子之所慎:齐、战、疾"),从来不随便吃药。季康子送给他名贵的药,他说对药不解,不敢尝。

孔子还讲究身体的姿势,上马车要站正了拉住绳索,睡觉的时候仰卧,平常在家坐着的姿势听其自然,不像见客人时那样跪坐("寝不尸,居不客")。

《论语》是孔子的学生们记录传下来的,说明孔子平常进行过这些卫生和保健知识的教育。今天看,它虽是些简单和片断的常识,但在两千四百多年前,应当看作是人们总结实践经验,探索身体健康之道,不断改变愚昧状况的文明表现。孔子爱好运动,又讲卫生,因而身体很壮实,在陈蔡绝粮的困难日子里,学生们大都病倒了,他仍能"讲诵弦歌不衰"(《史记》孔子世家)。孔子一生的境遇并不怎么好,曾"再逐于鲁,削迹于卫,伐树于宋,穷于商周,困于陈蔡",但他享得了高寿,活了73岁,在当时是不容易的。

孔子在日常生活上要求学生们不要太安适了。《论语·学而》："居无求安。"除读书学习外，他常和学生一起射箭、驾马车、郊游、登山、钓鱼、打猎等，体现了这种主张。他还主张早起，看见学生宰予，太阳出来了他还在睡觉（昼寝），曾提出严厉的批评。他在农村冬闲的日子看见乡民们搞娱乐活动，很高兴地对学生说："张而不弛，文武弗能也；弛而不张，文武弗为也。"他很赞成人们既要有紧张的劳作，又有放松的休息。汉初《说苑》中一段记载集中表达了孔子这方面的主张。有次鲁哀公识破孔子长寿之道，孔子说："寝处不时，饮食不节，佚（即逸）劳过度者疾共杀之。"《韩诗外传》上也有类似记载。对照《论语》看，孔子是主张人们饮食有节，寝处有时，劳逸适当的。

孔子在健身方面的实践和主张，对他的一些后继者是有影响的。荀子曾说过"注意养护而且经常运动，天不能使你生病；不注意养护而且很少运动，天不能使你健康"（"养备而动时，则天下不能病；养略而动罕，则天不能使之全"）。被称为汉代孔子的董仲舒也主张"体欲长劳，而无长逸"。这些都可以看出是与孔子的言行一脉相承并有所发展的。儒学的重要经典《礼记》中虽充斥着关于礼的繁文缛节，但也能看到它要求人们"四体既正，肤革充盈"，主张士人积极参加射箭比赛，成为"勇敢强有力者"，要小孩子不穿长衣服，提倡勤洗澡和户外活动等。明末清初的教育家颜元在这方面作了更大发挥。他说孔子是"教天下以动"的，"孔门习行礼乐射御之学，健人筋骨，和人血气，调人惰性"（《颜习斋先生言行录》）。他提出"养身莫善于习动，一身动则一身骨强"的观点，把孔子在体育方面的看法进行了一番综合改造，提得更明确、更集中了。

精神状态和情绪变化，对一个人的身体健康有重大关系。孔子的心胸是开阔的，他说："君子坦荡荡，小人长戚戚。"在艰苦的困难面前，他持乐观态度，"饭疏食饮水，曲肱而枕之，乐亦在其中矣"，"发愤忘食，乐以忘忧，不知老之将至矣"；不管遇到什么情况，他都"不怨天，不尤人"，"不忧不惧"，就是在自己被埋没、得不到重用的情况下，他也不生气。即使在悲哀

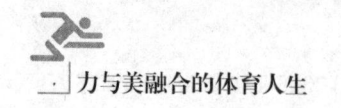

的时候，他也尽可能做到"哀而不伤"，即悲哀却不至于伤害身心。经常使自己的精神处于乐观状态之中。尽管已到了晚年，他仍然精力旺盛，奔波不息地宣扬自己的主张，这与他的良好的精神状态是分不开的。

唐人与健美

唐代，是中国古代体育史上一个辉煌的发展时期。在整个封建社会，唐代体育以其所呈现的显著特色，构成了"大唐盛世"的一个重要侧面。在探究唐代体育兴盛的众多原因时发现，唐代健康的审美观念的风行，唐人对健美的崇尚，与唐代体育活动能得以蓬勃的开展有着紧密的联系。因为，人们对形体的审美要求，直接关系到对体育的认识，也关系到是否愿意以及如何从事体育实践的问题。

唐人的健美观念，是在继承前代健美思想的基础上，融会各民族及外来文化中符合唐代社会审美需要的内容而形成的。它崇尚个体和社会生活中的阳刚之美，以身体的健康、强壮为核心，以伟岸、丰腴的体貌和粗犷、刚劲的行为为其外在表现。

在唐人的意识中，健美观念有着十分重要的地位，这已为文学、艺术、美学等领域的研究者们所注意。唐人对健美的崇尚与追求，不仅是唐代体育活动的突出表现，而且是唐代体育活动之所以普及和兴盛的重要原因之一。唐代统治者将体健貌伟作为择吏的重要标准；对丰腴健壮的宫女的宠爱，是唐人重视体貌丰伟的突出特色。

在阶级社会的任何历史时期，对官吏的选拔，都被最高统治集团视为头等重要的事情。据《新唐书·选举制》载，唐代"凡择人之法有四：一曰身，体貌丰伟；二曰言，言辞辩正；三曰书，楷法遒秀；四曰判，文理优长"。将体貌丰伟作为选择官吏的重要条件，这在历史上是没有先例的。宋代"国初尚有唐余波，久而革去之，但体貌丰伟，用以取人，未为至论"。唐代对文吏要求武选者，同样是"取身高六尺以上，籍年四十以下，强勇可以统人者"。宋代重体貌仅限于武人，且与唐代尚有差距，对文吏则完全没有体貌的要求。

唐代择人重体貌的记载，从唐代陶俑中得到了可靠印证。唐代还是我国封建社会唯一以女子丰腴健壮为美的一个朝代。

在阶级社会，审美标准的时代特征，往往通过统治阶级的审美理想表现出来。从史籍有关记载来看，唐统治者的选美，与汉魏和唐以后，具有完全不同的审美观。在唐代，帝王喜爱的是丰腴健壮，充满活力的女子，杨贵妃能得宠于玄宗，外在原因是她"姿质丰艳"，健而且美。这可为典型的例子。

特别需要提出的是，唐人的丰腴，实指体质健壮，这可从唐代众多的壁画中得到证明。著名的艺术考古学家常任侠先生曾指出："在盛唐的壁画中，女子的体格多是健壮的，这是当时的审美观念如此。"

唐代舞伎的表演，舞姿劲健有力，透出壮美英武的神韵，其形体确实健美。这与史书记载的完全吻合。诚然，艺术品并不完全是当世人的真实形象，但它无疑是现实生活中审美观念的反映。统治者宠爱健美之女，入选的女子为迎合审美需要，必然得练就和保持健美的形体，这无疑是使她们从事强身健体活动的巨大推动力量。

唐代前后，不乏崇尚健美的记载。但是，在整个封建社会，唯有唐代才打破了由于种种原因而造成的性别、地域、民族、阶层等等界限，使健美观念得以风行。

5000多年前，我们的祖先在人物塑像时，就很"强调外形轮廓的健美柔和"。在生产力落后的历史条件下，男性以雄健为美，是体力劳动和征战的需要；出于繁衍后代，丰乳大臀的强健之躯，亦为美女的标志。这可从《诗经》中大量赞美丰硕壮健女子的诗句得到印证。但在春秋以后，便产生了弱体轻躯女子的纤柔为美观念。这可从屈原和宋玉理想中的美女得到证明。至汉代，对男女形体的审美差别更为明显。被抬到"女圣人"地位的班昭，在《女诫》中提出"男以强为贵，女以弱为美"。魏晋六朝，美女的标准是"仪静体闲、柔情绰态，媚于语言"。因而世人对女子的蛮拙耗力之举，哪怕是消闲，也视为不合戒律。女性为迎合世人的喜爱，就尽量去追逐"弱体纤腰"之美。到了唐代，对女性的审美，则发生了根本的转变，唐代男子以伟岸、雄健为美；美女的标准是丰腴健壮，并已成为唐代普遍的审美时尚。五代以后，为了美不惜摧残女子的肢体，以轻柔娇弱为美便势为必然。我们只稍将唐代前后艺术品中"美女"的形体略加比较即可证明。

而唐代的伎乐丰满强壮，劲健有力。宋代的伎乐画同出于敦煌，由唐代的丰腴而转为塌胸瘦腰。明清时期，"弱不禁风"的削肩病女则被视为"美女"。

唐人出于对勇猛力健的崇尚和追求，常以争夺激烈、对体质要求较高的体育项目作为自娱性活动。从唐统治者对荡摇其心腑，振挠其筋骨的马球的酷爱，可见其一斑。

众所周知，唐代很多帝王，都沉醉于马球这项活动。不难想象，倘若在重文轻武，视勇悍雄健为粗俗，劳力之乐为人所不齿的时代，这项对体力要求较高，对抗激烈的娱乐活动，是不可能空前兴盛的。唐代打球之戏不惟帝王、军中及闾里少年嗜之，文人学士也很喜欢。

再如，拔河之戏，为民间遮人的一项斗力之乐。唐代帝王不仅以此夸耀武力，显威于夷，还吟诗作赋，以示赞赏。由上可见，审美的情趣和理想支配着人的行为，勇力性活动在健美观念的支配下得以兴盛。

养生有术文思涌

"老夫聊发少年狂,左牵黄,右擎鹰,锦帽貂裘,千骑卷平岗。为报倾城随太守,亲射虎,看孙郎。酒酣胸胆尚开张,鬓微霜,又何妨!持节云中,何日遣冯唐?会挽雕弓如满月,西北望,射天狼。"

这是我国古代文学家、养生家苏轼所写的一首词《密州出猎》。从词中可以生动地看到他那雄姿焕发的形象。他左手牵着黄毛猎狗,右手举着苍羽猎鹰,戴着锦制中帽,穿着貂皮衣,骑着马站在山岗上,多么意气自得。尽管他鬓角已经斑白,仍不服老,他力挽雕弓如满月,筋骨犹壮狩猎兴浓,激发起爱国壮志,他多么希望能在抵御外侮的战场上建立奇功。这词中可以看出他当时的生活情景,更可以看出他热爱祖国、老当益壮的精神面貌。

实际上,苏轼不只是在词中是个老运动员,而在一生中他确实是位热爱运动,钻研养生学并积累丰富经验的文学家。

苏轼对于运动健身的道理,在认识上是很自觉的。他认为人体要强健和延年益寿,最好的方法是勤于活动。他特别主张要在风雨霜露和寒暑炎凉中锻炼。苏轼在《教战守策》中说:"夫风雨寒露,寒暑之变,此疾之所由生也。"那些王公贵人,住在深屋内院,出门乘轿坐车,遇到一点风雨就穿上厚厚衣服,但是还是经常患病,这是什么原因呢?苏轼认为那是因为"畏之太甚而养之太过,小不如意而寒暑入之矣"。

苏轼不但崇尚健身,而且身体力行。他曾多次出游,无数名山,如江西庐山、罗浮山、湖北樊山、无锡惠山等地都有他的足迹。著名的江河湖泊，如长江、钱塘江等也都有他的游踪。他的弟弟苏辙赞扬说："足迹几遍天下，奇山妙水，无一不经物色。"

苏轼，由于经常射猎，练习箭法，得了一手好箭术。在射箭比赛中，他几乎百发百中，他自己曾谦虚地说："官堋十二把，吾能十一箭。"堋是古代射场上用土筑成的设有箭靶的土台。12把箭，苏轼能射中11把，这样的箭术也是很不错的。

苏轼对养生学有多年研究，并写出《问养生》《论修养寄于由》《养生说》《续养生说》《书养生后论》《养生偈》等12篇专题论文。清代康熙年间，王如锡曾将苏轼有关养生方面论著、诗词、书札等汇编为《东坡养生集》，收录了1400多条，并分为饮食起居、方药调摄、游览达观等类别。苏轼还同精通医学的沈括合著《苏沈良方》一书，世代相传，至今仍有实用价值。苏轼在养生方面的论著较多，他在养生学方面的研究，可以同老子、葛洪、孙思邈几位养生家的成就媲美。

苏轼不但在养生学方面有研究成果，而且他本人身体力行，积累了许多实践经验。如苏轼在饮食起居方面，有许多合乎养生之道的经验。他在《拮菜》文中说："吾与过子终年饱菜，虽粱肉而不能及也"。意思是说，据他的切身经验，要多吃各类蔬菜，营养全面，这对于身体保健来说，要比单调地只吃粮米和肉类好得多。他居官40年，经常煮蔓菁芦苦荠而食之，苏轼把野菜所做的汤，称为"东坡羹"，当时传为美谈。

苏轼还在生活上十分重视精神卫生，他是一位心胸开阔、豁达乐观的人，他说"心平而气和，故虽老而体康"，他还对气功有研究，他在集中上百种气功的基础上经比较分析，并结合自己实际"择其简而行之，间或为之"。由于他重视身体锻炼，又长期运用气功、按摩等手段健身，他的身体越来越好。头脑清醒，写诗填词思路敏捷。有一次他在短短一周的时间里就写了40首诗。真可谓之："养生有术文思涌。"还有一次，由牢山乘船出航，途中忽遇风暴，当时全船人几乎都头晕、目眩、呕吐不止，伏在船上动弹不得，而苏轼却感觉正常，还照样能吃能喝，朋友们十分惊奇，后来问他有什么养生诀窍？他笑着回答说："吾非有异术也，只是未雨先绸缪而已！"

在苏轼63岁时，他被贬谪到当时人称"天涯海角""鬼门关"的琼州地方，也就是现今海南岛。那里地处边陲，寂寞荒凉，生活条件极端艰苦，但他却十分乐观，认为："胜固然欣，败亦可喜。"垂暮之年，仍然参加劳动，"尝负大瓢"来往于田地间。65岁那年，有一天他外出访友，忽遇大雨。当时他身穿布衣，又无雨具，只得去农家借一双木屐和一顶斗笠，穿戴着走在街上，大人小孩都出来看他，人们私下议论纷纷，这样一位著名的文学家，年已65岁，还同农家人一样地在风雨里奔波。他的这种甘居淡泊的生活作风，给人留下深刻印象。

"文以载道"与"重智轻体"观

韩愈生活在唐朝（768—824），这时唐王朝经过八年的安史之乱，已经逐渐衰落。韩愈是唐代著名的儒学家和文学家，他不仅是后来宋朝理学的先驱者，而且是唐代古文运动的创始人。在那样的历史背景下，韩愈这样一个有很大社会影响的人物，反对体育运动，主张服食丹药，对体育的发展起了一定消极作用。他的"重智轻体"的消极体育思想的影响是相当深远的，以致后来宋明理学派的"主静"，都同他们的先驱有密切联系。

韩愈的"重智轻体"思想，表现在他一生的许多言和行上。他发表的反对打马球的诗，虽然被张建封所否决，但此诗对社会的影响是深远的。韩愈在《汴泗交流赠张仆封》一诗中写道：

汴泗交流郡城角，筑场千步平如削。
短短三面缭逶迤，击鼓腾腾树赤旗。
新雨朝凉未见日，公早结束来何为？
分曹决胜约前定，百马攒蹄近相映。
球惊杖奋合且离，红牛缨绂黄金羁。
侧身转臂着马腹，霹雳应手神珠驰。
超遥散漫雨闲暇，挥霍纷纭争变化。
发难得巧意气粗，欢声四合壮士呼。
此诚习战非为剧，岂若安坐行良图？
当今忠臣不可得，公马莫走须杀贼。

韩愈在这首诗中，以他的生花妙笔，对这种马球习战的情景，作了多方面的描绘，将战士勇敢顽强、优美姿态、骑术高超、球艺精湛的形态，如见其景，如闻其声，这可以说是一幅壮丽的古代马球图。但是，韩愈对这扣人心弦的习战，不以为然，尽管他明知张建封用马球来督课将士们锻炼身体、提高骑术，并非为"剧"，但他却认为这样做不如"安坐行良图"，因此赠诗表示反对。这首诗的后四句的译文是："马球比赛诚然是为了练兵不是嬉戏，但怎能比得上议行良策静坐帷帐？当今的忠臣良将实在不可多得，你要杀敌保疆再勿使战马奔驰球场。"可见此诗明显地暴露出韩愈的"重智轻体"思想。

韩愈在这首诗中所暴露出的消极体育思想，并非偶然，这同他信奉的儒家思想是一脉相承的。儒家多重文轻武，大多数儒者不注重体育锻炼，因此多成为文弱书生。在《乡射约序》中写道："自儒者以文学名为儒，故用武者遂以不文名为武，而文武从此分矣，或曰自文武之途分，而千万世之儒皆为妇人。"那时把儒者比作妇人，其文弱之态是不难想象的。韩愈在写上述那首诗前就曾多次写信给张建封，痛说打马球的危害，反对体育运动。其中一封信中写道："愈再拜，以击球事谏执事者多矣，今言球之害者，必曰有危坠之状，有激射之虞，小者伤面目，大者伤残形躯；马驰球于场，振摇其心腑，振挠其筋骨，气不及出入，走不及回旋，远者三四年，近者一二年，无全马矣！然则，球者害于人者决也，凡五脏之系络甚微，坐立必悬垂胸臆之间，而以颠顿驰骋，呜呼其危哉！春秋传曰……苟非德义，则必有害。"（《韩昌黎文集校注》）韩愈认为马球运动一伤人，二伤马，应该停止。他在这封信里宣扬的是儒家"德义"，反对的是体育运动。这封信正是那首诗的注释说明。

韩愈在养生观方面主"静"，提倡服金丹大药，他曾向一个周员外写信说："陆孟丘杨久作尘，同时存者更谁人？金丹别后知传得，乞取刀圭救病身。"他本人也服金丹大药。白居易一首诗中有"退之服硫磺，一病治不愈"之句，可见韩愈主张服食丹药是不科学的，他自己就身受其害。以他自己与亲属的生活实践来检验他的这种重智轻体的言行是有害的。他在《祭十二郎文》中自白说："吾年未四十，而视茫茫，而发苍苍，而齿牙动摇。"又说："吾自今年（公元803年，韩愈年仅35岁）来，苍苍者或化而白矣，动摇者或脱而落矣，毛血日益衰，志气日益微。"韩愈自己早衰如此，而他的家族的不幸比他更甚。在同一篇文章中他哀叹地说："念诸父与诸兄，皆早逝。"他的侄儿老成（即十二郎），后来也不幸早逝。韩愈悲伤不已，在极度哀痛中写下了这篇千古的祭文。韩氏家庭人多短命，这些不幸，不能不与其家庭"重智轻体"的传统有关。

韩愈所代表的儒家"重文轻武""重智轻体"的思想，影响中华民族体育教育近千年，至今在体育教育思想方面仍遗有流毒。宋明以来，由于理学盛行，主张"主静倡敬"。统治阶级以"八股"取士，引导天下士子埋头故纸堆中，穷章摘句，皓首读经，进行自省，这种社会思潮对体育教育发展造成严重危害。它使天下无不弱之书生，无不病之书生。以致"衣冠之士羞于武夫齿，秀才挟弓矢出，乡人皆惊，甚至子弟骑射武装，父兄以不才目之"。重文轻武已到登峰造极的地步，这不能不说与唐代儒学家，理学先驱者韩愈的言行影响有一定关系。

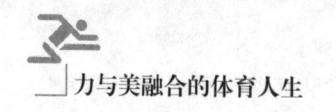

豪放诗人笔下的养生观

公元1210年1月26日，我国85岁高龄的著名诗人陆游仍抱病端坐案前，以久病颤抖的手，坚持写完了卧病中构思出来的最后六首诗。其中的绝笔之作《示儿》，集中体现了他无比强烈的爱国主义高尚情操，为世世代代所传诵："死去元知万事空，但悲不见九州同。王师北定中原日，家祭无忘告乃翁。"

陆游，字务观，号放翁，是我国南宋时期著名的爱国主义诗人。"脱巾莫叹发成丝，六十年间万首诗"。陆游自17岁开始学作诗，直到终年85岁，68年中写下诗歌一万余首。在我国文学史上，以爱国主义思想为主要创作题材的众多诗人中，他的作品不仅思想鲜明，构思精巧，脍炙人口，就其数量而论也是最多的一个。这除了与他忧国忧民的胸怀、坎坷不平的身世、高超绝世的造诣有直接关系外，还在于他有一个能适应繁重脑力劳动的健康体魄。

陆游的幼年，正值我国北方女真族崛起，大举进犯南宋之时。少年时的陆游，铭记对敌人的切齿痛恨，胸怀抗金报国的雄心大志，决心把自己锻炼成为文武双全的有用之才，为国效力。

他9岁时，拜认故乡山阴（今浙江省绍兴市）侠士"白猿公"为师学习剑术。"白猿公"见他勤奋好学，传授异常认真。10年之后，他纯熟地练就了一身好武功，剑术技巧健猛有力，变幻自如，很有独到之处。当时他在诗中写道"读书三万卷"，"学剑40年"，由此可见，他"上马击狂胡，下马草军书"的志向是何等远大而坚定！

陆游喜狩猎，喜登山，一生之中很注重锻炼身体。他50岁时，还经常带人去四川广汉一带打猎。当时，他骑着"白蹄毛"骏马，马骋郊野，几乎箭不虚发。因而，他狩到的猎物时常积若小山。他总是兴致勃勃地对同行人说："我还可以手持弯弓射百箭哩！"有一次，他去青城山时，不顾年事已高，却独自登上了艰险难攀的灌口，同行的人无不敬佩异常。而他却高居峰巅，远眺滚滚岷江，豪迈地沉吟出"姓名未死终磊磊，要与此江东注海"的诗句，表达了他一息尚存，尽献余生的情怀。他坚持锻炼身体，认真钻研兵书。32岁时作《夜读兵书》，诗云："平生万里心，执戈王前驱；战死士所有，耻复守妻孥。"抒发了豪情壮志。

陆游还习惯于在战斗间隙，从事体育锻炼。他认为打猎既是游戏，又是运动，还是军事训练。每次上山猎兽，总是像打仗一样，先派人侦察地形，布置包围，研究出击，以巧取胜。野兔、狐狸、獐子、小鹿等常常是他的战利品。

有一次，陆游和士兵外出狩猎，一位老者告诉他，附近北山上，有只吊睛白额大虎，常出没村落伤人，百姓惊扰不安。陆游听罢立即和士兵一起上山，搜寻了一天，不见虎影。天色渐晚，他们沿崎岖山道继续查找。就在这时，树木后突然刮起一阵狂风，随着一声震撼山崖的吼声，一只猛虎跳出山崖，张牙舞爪地向陆游扑去，陆游一闪身老虎扑空了，如此几个回合，陆游手执短刀，用尽平生力气，向老虎胸膛猛刺过去，老虎一跃，刀尖戳进老虎咽喉，鲜血喷溅，老虎退后一下吼叫着又扑向陆游，不料再次扑空，陆游乘机又是一刀，刺中老虎胸膛，老虎长啸一声，气绝倒下。

陆游打死老虎的消息传遍四乡，百姓无不欢呼，感谢他为民除掉大害。同时，他受到了官兵们的绝口赞赏。陆游，不仅以慷慨激昂的诗词闻名于世，还以善于养生获得高寿而为后世所称道。在他76岁的时候，他"总结"了一下自己的"日常生活"，写成"居室记"（嘉庆山阳县志卷二十八"世文上"）。他写道："家世无年，自曾大你以降，二世皆不一甲子（一甲子是六十年，即六十岁），今独幸七十有六，耳目手足未废，可谓过

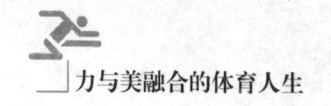

其分矣。"

在大庆喜获长寿之余，他认为要想获得高龄，必须注意日常生活。他写道："朝哺饮食，丰绝惟其力，少饱则止，不必尽器。"这就是说无论早餐晚饭，都不宜过饱。有人认为，疲劳以后睡个大觉就可以了，陆游则认为休息"取其调节血气，不必成寐"。这里说的"不必成寐"，当然不是指晚上不睡觉，而是指劳顿后的消除疲劳。他还认为，读书作文，应"畅适性灵，不必终卷"，这种既不惰、亦不拼，注意有劳有逸的生活方式，使他始终保持旺盛的精力以从事写作。除此以外，对于衣着，他非常注意天气的变化，"或一日屡变"而不嫌麻烦；日常活动，也是"意倦则止，虽有所期处，亦不复问"，换言之，就是量力而为，适可而止。

工作场所和住宅，他也要求光线充足，空气流通，而且"舍后及旁，皆有隙地，莳花百余"，每当新春，"华发滋荣，或至其下，徜徉坐起"。即使暮秋百草凋零，到那儿去散散步，也是很有好处的。

陆游身居乱世，能享80多岁的高寿，除了他善于养生外，和他早年和壮岁喜爱体育也很有关系。

健美者健康

在雅典的一个广场上，20多个罪人在众人面前等待审判。他们是罗多斯岛的人，在同雅典的一次海战中被俘，站在前头的是一个40岁左右的、身材健美、神情庄重的人，很明显这是个首领。他不时的浮现微笑，好似用自己泰然自若的表情使年轻的部下镇静下来。听众逐渐多起来，把审判场挤得满满的。不一会儿，审判开始了。

首先由检察官起诉:"审判官阁下,我向您保证,下面说的都是实话,我在众神面前发誓,如果说了假话,请宙斯用雷电击身!站在面前的这个男子是罗多斯人,他利用自己的诚信,煽动罗多斯人摆脱雅典的控制,掀起叛乱。叛乱曾被镇压下去,他曾被捕并宣判死刑。然而他设法逃脱并再次率领12只舰船攻打雅典,曾击沉多艘船,给雅典带来巨大灾难。这次此男子率领3只舰船同我军相遇,我军把他们击沉。现在站在诸位面前的水兵和首领,已经成了俘虏,正在听候处罚。"

"审判官先生,我们的法律是明确的,俘虏将处以死刑。最后我宣告罪人的名字,首领戴阿格拉斯的儿子多流爱吾斯……"

检察官铿锵的话语好像在平静的水面上投入巨石,立即掀起轩然大波。

"多流爱吾斯!多流爱吾斯!死刑!死刑!"群众呼喊着,个个显得十分惊愕。人们立即回忆起这个被判死刑者伟大家族的光荣历史。想起他们在奥林匹亚的光荣历史。古奥林匹亚圣城矗立着戴阿格拉斯的雕像,高有2.50米,他在79届奥林匹克(前464年)获拳击优胜,之后又在尼米亚、伊斯特米亚等竞技会上多次获冠军。在戴阿格拉斯像的两旁,是他的长子和次子的雕像,他们分别获得拳击和潘珂拉蒂奥(古希腊一种角力,可以拳打脚踢,攻到对方认输)的荣冠。另一尊雕像就是他的小儿子多流爱吾斯,即站在面前的罪人,他曾获得健美男子桂冠。在这样一个历史时期,连续享受奥林匹亚优胜荣誉是绝无仅有的,没有任何一个家族可以同他们媲美。

群众骚动起来,有人高喊:"雕像多流爱吾斯,英雄!""他是奥运冠军!"

"有人申辩吗?"审判官高声喊道。最后将目光落到俘虏那里。只见多流爱吾斯举起手,说道:

"我尊敬的雅典审判官!我崇敬守护你们光辉城市的伟大的神,我尊重贵国的光荣业绩,但是我是罗多斯人,我热爱我的祖国,我为祖国自由而战。检察官所说的都是事实,我知道我们的命运要由贵国法律制裁,对俘虏处以死刑,请执行贵国的法律,在这方面我没有什么可申辩的。"

多流爱吾斯说到这里停顿片刻，然后继续说：

"审判官阁下，我只有一个愿望，那就是让年轻人回到祖国，回到他们亲人身边。我是他们的领导人，我愿意接受贵国法律处罚。希望能得到雅典神的允诺，实现我的愿望。"

他的话音刚落，从听众中走出一个老者，他用一支手杖支撑着身体向审判官走去，虽然老态龙钟，但声音像洪钟一样传遍整个广场：

"审判官阁下，请允许我为异国的罪人申诉。刚才检察官在庄严起诉的最后，宣告了这首领名字，他是戴阿格拉斯的儿子多流爱吾斯。"

老人激动了，他用斥责的口吻对听众说：

"人们是多么健忘，曾经是众口皆碑的名字，现在却没什么反响。是忘却了神的业绩，还是你们太注意自己的历史！"说到这里，老人把目光转向执法官：

"崇高的雅典执法官，站在你面前的是戴阿格拉斯的儿子，一个真正的健美冠军，他曾用奥林匹克荣冠装饰过自己的头，诗人品古罗斯，曾为他写过许多美好的抒情诗，称他为"堂堂正正的伟大运动家"，他曾取得3届奥林匹亚、7届尼米亚、8届伊斯特米亚和皮泰亚竞技会优胜。你看他那古铜色的皮肤，健壮的肌肉、匀称的形体、潇洒的风度，全身都闪烁着令人向往的人体美。我们的哲学家德谟克利特说过：追求美而不亵渎美，这种爱是正当的……"

老人的话再一次中断，大家的目光全集中在多流爱吾斯身上。仇恨的火焰消失了，崇敬之感涌上心头，站在他们面前的再不是俘虏之身，而是奥林匹克伟大优胜者健美光荣的身躯。

老人看到这番叙述的效果，相信人们都会回忆起往事，最后说：

"我向天神宙斯，向母神赫拉，向守护神闪耀着智慧光辉的雅典娜祈求，尊重法律的高贵精神，运用人的智慧，寻求解决办法。"

执法官被老人一番申诉打动。他走向审判官：

"审判官阁下，让我们到祭坛那里，奉献牺牲，共同祈祷，神会赐给我们智慧，使我们的判决为雅典带来荣光！"

谁也不愿意损伤这位伟大竞技者的名誉，谁都愿意为健美者献上一份爱，审判官最后终于做出赦免多流爱吾斯等人的判决，将他们释放了。

这个故事发生在公元前460年，正当古代奥林匹克运动竞技会兴盛时期。当时古希腊崇尚健美蔚然成风，除了多流爱吾斯犯死罪被赦免外，还有很多因健美被赦免判刑的例子。所以当时流行一句话"健美者无罪"，从中可以看到古希腊对体育运动和人体健美崇拜到何种程度。

地球村的健身潮

自20世纪70年代以来，全世界都被健身热所感染，过去校园中偶尔消遣的活动，今天成为数百万成人生活中不可缺少的内容。大批美国人出现在跑道上，走进暖洋洋的健身房，他们汗流浃背地锻炼，并以此为乐趣。

每天清晨饮茶前，英国有270万人打开电视机，跟着健康节目中苗条女郎做早操，他们称这些姑娘为"疯野的莉齐"。在法国的跑步伸展运动和爵士舞已风靡全国。中国的青年黎明时聚集在公园练习新的健美体操、武术。澳大利亚的悉尼有近4万人参加一年一度赛程为9英里的"趣味赛跑"。该国全国健身计划负责人伊恩·贝内特博士说："生活，就要有生活的样子。没有健康的体魄，其他什么都谈不上。"

认识身体健康的重要性，并非什么新鲜的看法。从德西摩斯·朱纽斯·朱维纳利斯到约翰·洛克等哲学家们都鼓吹"要有健全的头脑，就要有健康的身体。"20世纪生活的独特性给这一古老的格言赋予了新的意义。

自动化和高度发达的技术使人们摆脱许多日常杂务。工作及家庭生活中存在越来越多的紧张和压力，许多人感到有必要大大轻松一下生活。人们闲暇时间的突然增多，尤其有些国家，每周工作时间的减少，更有必要把生活搞得轻松愉快些。

锻炼身体人数急遽增加，还不光是一种生活方式的改变，它反映了整个世界对于健康的普遍关心。随着癌症患者人数的增加，差不多天天有消息警告人们要注意食品、饮水和空气的卫生。人们开始认识到，在目前情况下，需要作出更大的努力，才能够保持身体健康。"人们越来越意识到，只要你做出努力，身体总会变得健康的。"英国肯特研究紧张综合征基金会负责人奥德丽·利文斯通·布思医生说："大家都听说了，美国人已将心脏病的发病率减少了30%，并开始巩固这一成绩。"

锻炼身体可以预防疾病，可是一般的锻炼方法往往使人感到单调，带不来多少乐趣。当然，苦药外面加层糖衣，把其味道变甜总还是有办法的。事实证明，任何运动都比不了"爱乐比克舞"（aerobicdancing）那么具有诱惑力，它取体操、跑步和伸展运动之所长，将它们融为一体，使体育运动发生了"革命性的变化"。"爱乐比克"运动需要有节奏感，通常以摇摆舞曲或迪斯科舞曲伴奏。这项运动不仅对循环与呼吸系统是一种锻炼，同时也是一项社交活动。巴黎健康俱乐部老板埃里克·西密安选择说："高效能的锻炼是件枯燥无味的事，而爱乐比克却是件快事。"

在25岁至35岁妇女中，"爱乐比克"运动尤其流行，因为这类人常常对其他运动项目没有多少兴趣。法国妇女向来对体育锻炼态度不甚积极，可是现在她们却迷上了"爱乐比克"运动。整个法国有200万人每周跟着电视节目来从事这项运动。甚至在波兰，"爱乐比克"也变得十分风行，一个学校中报名参加这项运动的就有400多人。曾在电视上推广"爱乐比克"的波兰女演员多罗塔·斯塔林斯卡说："我旅行时，常常有男人们走过来，感谢我终于让他们的夫人对锻炼产生了兴趣。"

如果说"爱乐比克"运动是一种媒介的话，美国女演员简·方达毫无疑问要算这一运动项目的主要传播者了。她撰写的《简·方达锻炼手册》1981年在美国首次出版以来，已被译成包括冰岛文和塞尔维亚——克罗地亚文在内的19种文字，在22个国家发行，成了欧洲的畅销书。介绍简·方达锻炼法的录像带有八种语言的配音和四种文字的字幕，目前在23个国家销售。在南美洲部分地区和波兰，它们成了黑市上难得之物。

"爱乐比克"引起了妇女们浮想联翩，而另一方面更加常规的发达肌肉的健身运动则迅速成为男人普遍追求的目标。在巴西，由于爱好美国式的泵型健身器，因而发明制造肌肉强健器。这个国家目前有几十个沙龙和练习房，都装备有进口的或仿造的"诺蒂勒斯"和万能健身器。在西德备有"诺蒂勒斯式"负荷机的健身俱乐部多达上千家，甚至连妇女也开始对此产生了兴趣。

尽管跑步有时令人厌倦，但它却是一项最成功地跨越年龄、性别和阶层界限的运动。

在日本，跑步差不多成了一种全国性的娱乐，参加这项运动的已近600万人。在1月至3月的马拉松长跑季节中，日本人对于电视实况转播马拉松的着迷劲，不亚于对转播世界杯足球赛所表现出的狂热。在南非，目前有8000人参加赛程为70英里的超级马拉松友谊赛。澳大利亚人举行赛跑的次数不断增加，对跑步的热情越来越浓厚，他们甚至举行从悉尼到墨尔本的500英里的不寻常的马拉松赛。

"紧张了一天之后，没有什么比跑上15英里更能使你感到轻松。"当罗斯金这样的长跑迷讲这种话的时候，无怪乎澳大利亚人听到后连眼皮都不用眨一下。

健身热在有些国家还带有明显的当地色彩。苏联体操运动员长期在国际比赛中名列前茅，因而韵律感的体操正迅速地成为苏联妇女中最流行的锻炼项目。澳大利亚人的兴趣集中在水上体操上，他们把"爱乐比克"和游泳结合起来，加以锻炼。巴西在国际排球、足球和游泳比赛中成绩突出，从而带动了巴西人积极参加这三项娱乐性活动。中国武术曾一度被红卫兵攻击为"封建残余",现在得以恢复和发展,约有2000多万人每天参加不同形式的武术练习。

人们对健美和健身运动的迷恋使得体育事业成了一种赚钱的交易。从东京到罗马,甚至在莫斯科,美国式的健康俱乐部"爱乐比克"运动辅导班以及健身中心等,如雨后春笋般地建立起来。以体育锻炼为内容的杂志、书籍、录音和录像带与迈克尔·杰克逊唱片一样畅销不衰。在日本,健身运动是最兴旺的十大行业之一。日本一家"人民公司"预计1984年来仅"爱乐比克"健身房的收入可高达4300万美元。该公司现在有健身房13套,1987年增加到250套。在巴西,仅里约热内卢一个城市就有4300家练习房,大部分店主是由运动员改行的。法国有500万人参加健身俱乐部,每人每年所付会费高达300美元至600美元。

许多其他行业也借健身热而大赚其钱。纺织品市场数字统计表明,去年消费者购买了3200万件运动服,较1979年增加了10%,也就是说销售额增加了1.07亿美元。

不少国家政府急于强壮国民体质,拿出数以百万计的美元进行广告宣传,鼓励人民锻炼身体。英国政府花了150万美元发起"照顾自己"运动,鼓励人们多锻炼少抽烟。不少公司企业通过兴建室内体育设施,为参加锻炼的职工增加补贴,以吸引不爱活动的职工参加锻炼,来提高出勤率。东京旅馆开发公司规定,超龄职工凡通过健康考核合格的可以延长退休年龄,这在职工心理上产生很大影响。西德的西门子AG电子公司向职工提供运动设施,每年用于职工体育锻炼方面的费用高达400万美元。在西方国家娱乐性水上体育备受青睐。

过分时髦的事情往往只能昙花一现,人们谈论大为流行的"爱乐比克"正在走下坡路,可能会重蹈呼啦圈舞的覆辙。但不管结果是否如此,总会有其他健身娱乐活动去取代它。最现代的美国"断舞"(break-dancing)现在已在世界广泛流传。健身运动给人们带来了无与伦比的好处,几乎可以肯定健身热在今后的岁月中,在青年一代中还将继续下去。

新一代马拉松运动员在比赛中强调乐趣性胜过成绩,他们摒弃公路赛传统苦行主义,追求更放松和没有竞争的模式。参加比赛的运动员体态臃肿,步履蹒跚,比赛中不仅停下来喝水而且手舞足蹈,甚至接受观众献给他们的鲜花。在比赛中,组织者还每一英里就有一个乐队演奏爵士乐、摇滚乐等欢快的乐曲,使比赛更加红火热闹。近些年,参加马拉松比赛的人越来越多。美国在10年中参加马拉松比赛的人增加70%,即由1989年25万人增加到现在的41.9万人。参加比赛的人都很自豪,他们认为:"奇迹不在于我完成了比赛,而在于我有勇气参与。"

健身跑创始人阿肯

阿肯出生于德国莱茵河岸小城瓦利尼尔。他在中小学读书时是全面发展的好学生。喜好文学,经常运动,头脑灵活,善于思索。大学毕业后才对医学发生兴趣,荣获医学博士学位。他喜爱长跑,经常借助于长跑为病人治病。后来他成立一个长跑俱乐部推广健身跑。

1964年,阿肯首倡建立了"国际中老年长跑运动协会",每年举行一次40岁以上中老年人长跑冠军赛,而他自己身体力行。他开设了一个私人诊所,每天坚持健身跑。一次在下着雨并且有雾的天气里,他和运动员一起跑,不幸被卡车压伤,手术后他失去了双腿。

1977年,在杜塞尔多夫举行首届世界杯田径赛上,阿肯坐在手摇车上,精神抖擞地说:"近年来在德国的各个医院里,病床在逐年增加,而患心血管疾病的人比病床增加还快,而且还有持续发展的趋势。究其原因是人们对运动与人的健康的关系不甚了解。绝大多数医生都是采用静卧疗法，病人整天躺在床上打针吃药。而我的治疗方法却正好相反，病人在一般情况下绝忌静卧，应当尽一切可能动员他们参加体育活动以加强人体组织和细胞的氧吸收量，增强人的有氧代谢功能，这就是我用以同心血管病作斗争的法宝。跑步，从生理学上说是一项完美的运动。跑步是按照自己控制的速度以一种有节奏的形式使用大腿和小腿肌肉。这是安全地、最大限度地增强心肺功能的需要。由于体育运动能够使一个人健康状况从差变得比较好，所以它能够被看成是医学方面的一门学科，更为幸运的是这门学科还能显示人的自发精神、独创性和判断力。

阿肯在治疗动脉硬化病人的开始阶段，每天病人进行30—60分钟跑，用遥控心电仪将病人脉搏控制在每分钟130次以下。将病人的饮食热量减少到一昼夜1600—1700大卡水平。对于高血压患者，他首先让病人做一些呼吸性体操和慢跑，同时辅以适当药物治疗。这种慢跑的处方是10米慢跑+20米竞走＋10米慢跑+20米竞走……他指出病人的这些练习，不只是产生生理方面影响，而且重要的是产生心理影响，它可以使病人建立起战胜疾病的信心，而这对于取得最佳疗效是极为重要的。阿肯博士抱怨说："遗憾的是，我们不少医生只相信药物和外科手术的力量，他们在治疗中墨守成规，不敢探索和研究新方法，怕受指责和承担责任。但是医生的责任在于治好病，而不在于推卸责任。要达到这个目的就需要病人进行适量运动、节制饮食，培养和增强病人免疫力。我认为："一个现代医生应当懂医学，又懂体育，应当成为病人的榜样。"尽管现在已经有了许多医疗体育方面著作，但遗憾的是我们的医生在开处方时还很少把药物和运动处方结合起来。

阿肯还认为：现代体育比赛项目在不断增加，但只有一个项目截至目前还没有比赛，它就是健康。我不反对列出一些大家公认的、有关健康的医学数据。但是数据评定不是简单的事情，要评人体各器官、系统的机能状况，但最重要的是先确定心血管系统健康数据。心脏血管系统生命力可以通过耐力来鉴定，而耐力可以通过各种距离跑来检查。因此，从这个意义来说，我认为最健康的人应当是马拉松跑运动员。

看看这些活动项目每小时消耗的卡路里数（直接衡量强度的一种尺度）：

	跑步	骑自行车	游泳	手球	网球	走路	高尔夫球	地滚球
身体健康								
心肺耐力	21	19	21	19	16	13	8	5
肌肉耐力	29	18	20	18	16	14	8	5
肌肉力量	17	16	14	15	14	11	9	5
灵活性	9	9	15	16	14	7	8	7
平衡能力	17	18	12	17	16	8	8	6
总的健康的情况								
体重控制	21	20	15	18	16	13	6	5
肌肉活动基数	14	15	14	11	13	11	6	5
消化能力	13	12	13	13	12	11	7	7
睡眠	16	15	16	12	11	14	6	6
总计	148	142	140	140	128	102	66	51

也可以看看这些活动项目每小时消耗的卡路里数（直接衡量强度的一种尺度）：

跑步　　　　　　　　　　　　　　800—1000

骑自行车（13英里/小时）　　　　 660

游泳　　　　　　　　　　　　　　300—650

手球/墙网球　　　　　　　　　　 600

网球　　　　　　　　　　　　　　400—500

快走（4英里/小时）　　　　　　　300

地滚球　　　　　　　　　　　　　270

高尔夫球　　　　　　　　　　　　250

慢走（2英里/小时）　　　　　　　200

跑步还有另外一些惊人的作用。在我们生活的时代，年轻被认为是令人可取和羡慕的，年老却被认为是不幸的。因此，如果能保持年轻那将是你最希望的，那么跑步可以给你帮助。美国圣地亚哥州立大学运动生理学研究室主任弗雷德、卡什博士对43名中年男子进行长达10年研究，对这些人的最高心率、处理氧能力、心脏搏动力以及毛细血管抵抗力进行定期检查，所有这些都是公认表明衰老程度指标。通过以往研究，已经了解到同一时期，一批习惯于久坐的中老年人（男子）做对照，然后让他们参加跑步或游泳。在10年结束时，四项指标中没有一项指标显示衰老程度加重。相反，有两项指标表明衰老程度减轻了。这两项指标是身体处理氧能力和心搏输出量。另有一项附带好处是血压保持在一般水平以下，有些人甚至降低了。

阿肯热心倡导群众性健身跑运动，在他倡导下，1972年慕尼黑成立第一所"长跑俱乐部"。随后这种俱乐部仅在联邦德国就超过1000个，从事健身跑的人有几百万人之多。为了推动妇女广泛参加长跑活动，阿肯于1976年在瓦利尼尔举办了首届马拉松世界女子比赛。科隆心血管学院的大批专家对比赛进行了细致地医学观察，证实这样的比赛对妇女是安全的。并发现在跑完马拉松以后运动员血液中抗体的数量有明显的增加，说明运动员的抵抗力有了很大增强。

通过大量的体育医疗实践和研究成果，阿肯最后得出如下结论：在我们这个社会里，只要有了钱就可以买到你想要的一切。但是，只有一件东西你买不到，这就是健康。健康的得来，需要付出一定代价——顽强的意志、克服贪图安逸惰性、艰苦的锻炼和汗水，而获得健康的一个最简便的途径，就是跑。跑步应成为人们生活中最健康、最重要的组成部分。

跑出健康人生

一个生命垂危的病人,她仍坚持自己的宏伟理想,并且运用运动锻炼这个手段向疾病和死亡开战,她谱写了一曲"生命在于运动"的赞歌。她也让医生们知道:"救活病人,靠的不仅仅是医术。"这个真实的故事,在大众体育和医疗体育史上是个典型的事例。发生在80年代美国纽约市一个普通医生家庭:

神经科值班女医生贝阿特利丝·恩斯特朗冲进纽约都市医院的重病特别护理病房,看到担架上昏迷不醒地躺着一个年近30岁的女人,右臂、胸脯、鼻子、嘴巴等多处吊着输液管,脸上满是斑驳的淤血伤痕。

这个年轻女人在中央公园跑步时遭到一伙歹徒的袭击,遭殴打、强奸后,被弃在一个浅水塘里,躺了近4个小时才被两个过路人发现。

有个外科医生断然认为,伤者大脑缺氧1个小时,即使能活过来,也将是植物人了。

在一段时间,似乎这位外科医生的话说对了。这位因新闻媒介报道隐去其名而被美国公众称作"中央公园跑步者"的女子,在好些日子里不发一声,未动一动。

在入院两星期后,女伤者从昏迷状态中渐渐恢复知觉。她可以发出一点轻得仅同耳语一般的声音,有一次,当她两个兄弟站在她床边时,她将头转向他们,虚弱地微笑着,轻唤他们每个人的名字,然后又发出第三声无法听清的声音。两兄弟疑惑地对视着,伤者又重复"鞋子"。

那以后,伤者的母亲告诉贝阿医生,女儿热爱跑步,想找她心爱的跑鞋。

"你能把她的鞋带来吗？"

"她的跑鞋？她出事那天晚上就不见了。"

"买双新的。"贝阿说，"相信我，这很重要。"

第二天，伤者的父母带来了洁白的跑鞋。伤者的眼睛睁大了。她张了张嘴似乎想说什么，却又昏了过去。

"把它放在这儿。"贝阿指指床脚的桌子，"放在她一醒来就能见到的地方。"

贝阿对伤者需求的独特敏锐来源于她自己那独特的经历。一切开始于1964年她4岁的一个梦。当时她与父母住在纽约的马萨贝圭。令人不可思议是，这孩子听到有人对她说将来她会去照顾病人。当她问妈妈这梦是什么意思时，妈妈答道："也许是说你将来要当医生吧。"那晚上开始的这一巨大抱负定下了贝阿的生命历程。

贝阿的父母竭尽所能来帮助她实现当医生的梦想。祖父与他们住在一起，他经常讲起贝阿爸爸的故事，贝阿的爸爸曾在瑞典当过医生。听着这些故事，贝阿知道医生这一职业源于她的血液中。

她取消了自己的暑假，全年都上课。1978年，她以优异的成绩从中学毕业，并被利哈伊大学宾州医科学院录取。贝阿的梦想就要实现了。

当那年秋天，贝阿进入利哈伊大学。11月的一天晚上，她回宿舍时，突然感到嘴里有被刀刺的感觉，腭部肿起来了，呼吸困难。医生认定她长了囊肿。半年以后，她动手术切去了口腔的囊肿和一小块腭部。

但是一年以后，她到费城开始医科学习时，腭部又作痛了。1980年9月，她去做活组织检查，切片是恶性的。

医生说必须作激光手术。贝阿得失去她口腔的左上部分，包括颚部、牙龈、牙齿颧骨及整个腭部与许多组织。手术中，她的左面部上的皮肤要被向后揭剥，可能会损伤她的视力和听力。

但让贝阿最担心的肿瘤可能扩散到她口腔以上的部位。听到这一消息后，她说："我学的东西完了！我再也不能当医生了！我再也不是我自己了！"

她并不怕死，至少死有某种确定性。使她害怕的是手术的未知结果，或许结果是她将一生残废，破相。不过，她仍然不愿心中的那个目标死去。不管怎样我都要成为一名医生，我不会放弃的。

她走向医院墙上的镜子，仔细地看自己的脸，将她已熟悉的外表上的一切都默默地记在心里，然后跟这一切说再见。

头部上了石膏，眼部包着绷带，嘴里塞满了纱布，贝阿从手术中醒来进入一个黑暗幽闭的恐怖世界。她看不见东西，说不出话并失去嗅觉，左耳聋了。最初的几天，她唯一与人交流的办法就是摆弄她的手指。

为了不让她看到手术后的即时效果，房内所有的镜子都拿走了。但她能感到左脸部的奇肿和嘴部的下陷。她竭力集中精神于学习上。母亲从早到晚守在贝阿的床边，经常给她读教科书。嘴里的纱布拿走后，贝阿只能发出嘶嘶声和喘息声。在这之前，没有告诉她如果不装入一个假腭她将永远无法说话。

母亲安慰她一定能说话的。然后，她将一支铅笔夹到贝阿的手指间："写吧。"从那以后，贝阿在纸上表达她想说的话。

后来的检查发现，所有的癌细胞已被切除，也未扩散至大脑。父母给贝阿一张生日卡以示庆祝。"亲爱的贝阿，"上面写着："10月7日，你的第二生日——你以健康的身体开始新生活的日子。"

贝阿装上了一个临时假体以使她的外表看起来正常一些。她回到学校，慢慢地，学业重新走上轨道。只要她能上课，她就还是她自己，她所希望的自己。在晚上，当她照着镜子、为所发生的一切悲伤时，她总会说："我要成为医生。"就是这一点使她忍受了痛苦。

当贝阿恢复体力时，外科医生们开始给她装一个永久性的假体，用钩子与线固定在右上部的牙上，口腔右部的齿龈要切开，剩下的牙齿才能排好以便装上特殊的假齿冠。疼痛似受酷刑一般，但贝阿相信最坏的

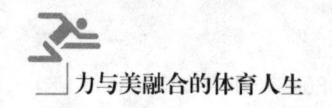

已经过去。

早在她读医科二年级的时候，恢复过程中的疲惫与痛苦使她极度消沉。她的左脸下垂，只能靠一边听，一边咀嚼，用另一边品尝食物。有时候，她真宁愿去死，她失去了控制。这令她害怕。夜深人静之际，她跪着祈祷以求帮助。

帮助终于在贝阿未料到的时候来到了。当她在牙齿所的椅子上做假体植入时，她回想起所受的痛苦，最后告诉自己她已不可能彻底恢复正常。她以前一直未能承认这一点，如今惊奇地看到想通了这一点竟有一种解脱感。

她决定在发现自己陷于消沉时去做一些高兴的事。她不顾自己的虚弱，逐步恢复她的体力。她得出这样的结论：时间并不能治愈所有伤痕，但她开始慢慢做体操，活动肢体。它提供机会给人去探索生活的真谛。

从医学院毕业后，她深切地了解了病痛，更懂得了生存的代价。

当中央公园的跑步者从昏迷中醒来、要她的跑鞋时，贝阿在她身上看到了与自己身上一样的生存本能。她的病人也许永远也不能用上那双白跑鞋，但它们有一个目标，一个奋斗的理由。

"干吗费这事？"贝阿的同事问，"她根本就不能再走路了。"

"这点现在还很难说。"

贝阿从她自己与癌症的较量中发现，希望来自对自我的认定。那双白跑鞋肯定了跑步者的身份。她向伤者的父母解释说："将它们放在她可以见到的地方，等于告诉她，在我们眼里，她还是那个她自己所愿成为的人。"

当跑步者可以自己坐起来时，护理员将她抱到一张椅子上，她指着架子说："请你……我要……我的鞋子。"护理员将鞋穿在她脚上，从那以后，只要她一起床，就坚持要将白跑鞋穿到脚上。

一天下午，跑步者正静静坐着时，全身开始颤抖。她向前倾着身子，两手蒙住了自己的耳朵。"我出了什么事？"她大叫。因怕她会受更重的心理创伤，没有人跟她说起她遭强暴之事，而她自己对这一切全不记得了。

"你出了点事，"贝阿说，"但你会好的。"

又有一天，跑步者凝望着脚下的跑鞋，郑重地说："我想跑步。"

"那就不要想别的事，"贝阿说，"不管这有多难。"

渐渐地，伤者的体力恢复了，她重新开始学写字，笑着招待来看她的人，像运动员参加训练一样接受身体治疗。跑步、做操、流汗、摔倒、爬起，然后再跑步……渐渐成为了一个健康人。她就要当医生了，未来的憧憬在召唤她……

耄耋古稀不是梦

位于高加索山脚下的阿布哈兹自治共和国里有一个不大的奇洛乌村，那儿住着许许多多老人。有一位名叫米哈·召布阿的老人，已有125岁高龄了，但他的记性非常好，能回忆起100年前的事。据统计，奇洛乌村里90岁以上的老人约有40个。

"米哈，为什么你们阿布哈兹人的寿命那么长？"有人问。

"好孩子，人要长寿，性情不能急躁，"米哈回答说。随后他大声地唱起歌来。坐在桌旁的男人们也都齐声唱了起来。七人齐唱的嘹亮歌声响彻云霄。99岁的坦杰尔·召布阿随之翩翩起舞。90岁的图什·申库巴卷起长袍的袖子，步调从容地充当了女舞伴。他们跳了将近10分钟。

我们在阿布哈兹的村子里还碰到许许多多这样的老人，他们父母的年龄都不小于100岁。

米哈·召布阿耸耸肩膀，笑着说：

"我哪儿知道呢？我的母亲活了101岁，我的父亲活了140岁……我们的祖父和曾祖父的寿命也很长。难道我就该不如他们吗？"

基辅老年学研究所，恰彼塔列夫院士以及他的同事们认为遗传基因是长寿的主要因素之一。老年学家确定，绝大多数被调查的长寿者的父母活到一百岁以上。

科学家们认为，长寿者都具有最理想的适应能力，他们的新陈代谢逐渐衰退的过程进行得顺利而平衡，以致他们身上的任何一个器官和系统都不会发生过早磨损的现象。换言之，这些长寿者从生物学角度来讲，甚至要比实际的年龄更为"年轻"一些。

也许，阿布哈兹人的基因中具有一定的特性，使他们比我们中间的大多数的人都能活得长。根据专家们的意见，他们身体内具有非常强大的免疫力。阿布哈兹人是极少生病的，但是，长寿的秘密何在，这对科学家来说目前还是一个谜。

地球上有些地方，由于某种生态上的特殊原因，那儿的人寿命特别长。高加索就是其中之一。整个苏联有10.9万人的年龄在一百岁以上，其中将近5000人是高加索人。

从一个村庄来到另一个村庄，从高山来到海滨，不时给自己提出这样一个问题：遗传基因是长寿的重要因素，但总得有个起因嘛。原因到底在哪里呢？是空气、水或者土壤的自然条件，还是特殊的生活方式？

比方说，我能不能搬到这个地区来，生活在这些人中间来延长自己的生命，即使几年也好呢！

那晶莹清澈的流水，那海洋和高山的新鲜空气，还有那山区里独有的幽静——所有这一切，如同一定的生物特征一样，都是每一代阿布哈兹人的宝贵财富。他们从不激动。当你第一眼看到他们时，立刻会感到，这些人的性格和蔼、开朗。

99岁的坦杰尔·召布阿对孙子买来的冰箱压根儿不感兴趣，可是电视他却百看不厌。119岁的谢拉赫·布特巴骑马去探望离他家有40公里远的妹妹，可是到路近得多的城里却要乘小汽车或公共汽车。106岁的马赫季·塔尔基尔宁愿每天走三公里路到冰冷的山溪里洗澡。尽管在他那幢两层楼房里有现代化的浴室，他只是在冬天才使用……

他们在自己漫长的一生中很少离开家乡，竭力维护着祖祖辈辈相传的风俗习惯。他们认为这是保证他们健康长寿的关键所在。

"我开始变老啦！"坦杰尔·召布阿抱怨说，"以前我有时候每天可以采100公斤茶叶，如今要是能采60公斤，已经是很不错了……"

劳动是阿布哈兹人长寿的原因之一。阿布兹人从小参加劳动，在一生中基本上从事同一种体力劳动。

"有什么能比骑在马上的胖子更可笑呢！"阿布哈兹人常常这样说。他们认为吃得过饱是极其危险的，而对"胖子"的概念是与"病人"的概念相等同的。

阿布哈兹老人早就在运用现代科学向渐近老年的人介绍的那种方法了：少吃含有碳水化合物和动物脂肪的食物，能减少其30%的食物热量，而蛋白质的数量仍保持不变。

阿布哈兹人的菜肴都含有大量维生素，这儿一年四季都吃蔬菜和水果。吃饭时餐桌上总是摆着绿色的葱蒜，因为葱蒜含有大量植物杀菌素（一种消灭人体内部病菌的物质），另外，餐桌上还摆着西红柿、黄瓜、茄子等。鸡汤和别的肉汤，按照专家们的说法，酒会刺激神经系统，阿布哈兹人是一点也不喝的。

红豆和白豆是一种传统菜，含有非常丰富的蛋白质。我还想提一下普通桃核的作用，它在这儿被用作含脂肪的主要调味晶。核桃油含有大量酸，这种酸能去掉胆固醇，同时还能起防止血管硬化的作用。午餐必备的玉米粥也"担负"着同样的使命。

乳酸食品——乳酪、酸牛奶——阿布哈兹人是大量食用的。他们口渴时喝的不是水，而是乳酪，因为它更能解渴（根据医生的看法，乳酪还能

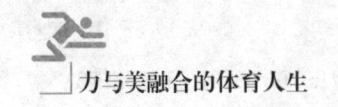

对肠子里的病菌起杀菌的作用,给肠子很好地消毒)。

根据恰彼塔列夫院士的看法:目前谈论延长寿命问题,首先解决对心血管疾病、癌症这类病症进行医治的问题。这类疾病是当前人的机体过早衰老和很快死亡的主要原因。按统计学家的统计,战胜这些疾病可以延长人的平均寿命5至7年。消除周围环境中的工业污染同样可以达到这样一个增长数字。可见,仅仅这两个因素就已经可以延长的平均寿命至少10年,也就是说可以活到82—84岁。

至于使人长寿的遗传密码之谜必然会被揭开的,这只是一个时间问题。科学研究已进入分子领域了,因此,科学家们认为,不是今天,便是明天,他们将会知道,应该调整细胞内部的一种什么东西,才能使人的生命延长到150岁……

烈士暮年壮心不已

我们都知道《三国演义》中的老将黄忠,他年老志气浩存而且勇力过人,留下了令人难忘的传奇式事迹。然而,在今日美国体坛上,也活跃着一批老运动健将。他们大多50开外,有的甚至年逾古稀。然而这些老运动员仍以顽强的毅力和极大的热情积极从事并推动老年体育,用事实证明老年体育运动不仅可行,而且大有可为。年过半百的大力士恰克·布拉克斯顿便是其中的佼佼者。

被誉为"载重汽车"的恰克是当今美国最有名的举重运动员之一,曾连续破过20多次美国和世界的力量举(深蹲、硬举、卧推)纪录,至今仍保持着多项世界纪录。虽然他在这方面取得了辉煌成果,可他

干这行还是近几年的事情。恰克年轻时曾在美国加州足联的一支球队踢橄榄球,只是后来受伤才不得不提前退役。尔后他坚持参加多种体育活动。一个偶然的机会,使他与力量举运动结下了不解之缘。那是多年前,他去观看一次举重比赛。赛场上那些腰圆体壮的大力士使他钦羡不已,继而回想起自己当年绿茵场上的骁勇和强悍,便下决心要重振雄威,在举重场上大干一番。这样的事情在别人总得好好考虑一下才行,尤其是到了这把年纪,即便要运动,顶多也就是找点轻松愉快的项目玩玩算了。可是恰克偏不信邪,非要当名符其实的大力士不可。从此他刻苦训练,持续数年。恰克体重在275到290磅之间,属重量级。起初,他的深蹲、卧推、硬举三项总成绩为1700磅。后来,他虽年事渐高,可成绩非但没降,反而逐年提高。由1700、1800升至1900磅,继而直逼2000磅大关。这样的成绩就连那正当盛年的举重健将也很少有人能够问鼎。

现在,他尽管已经步入生命的第六个10年,却仍在不断刷新他所保持的纪录。有些老年人因年龄大就提出参加运动要"循序渐退",事实上,老年人运动也因人而异,并非一律一个模式。恰克的实践证明老年人运动也可循序渐进。其实,恰克被称作"载重汽车"并非仅仅因为他个头大,又是个举重运动员。说起来,这里面还有一段来历呢。有一回,他从一份材料中看到有人曾让一辆五吨载重汽车从身上碾过却平安无事。恰克决心向这项多年无人打破的纪录挑战。他叫来一辆八吨载重汽车,让它在自己胸膛上开过去,当汽车的前后轮都轧过去时,他依然好好的,不料这时他不慎被汽车底部的副油箱撞了一下,碰伤了几根肋骨,由于他的名字恰克(Chuck)与载重汽车(truck)恰巧谐音,人们便开始把载重汽车与他的名字连在一起了。伤愈后,他又学练气功,练就了睡钉床的绝技。不同的是,他仰卧在钉床上,腹部再压上几十片50磅重的杠铃片,重压之下,他依然谈笑自若。

更有甚者,据这位老大力士的一位朋友透露,恰克不仅与汽车做过较量，还曾和飞机比试一番呢。据说，这位力大如牛的壮士用手脚勾住四条拴在四架600马力的"塞斯纳"轻型飞机上的绳索，飞机同时向四个不同方向启动，准备起飞，结果，绳子断了，这在一般人恐怕早已"四马分身"了，而他居然安然无恙。恰克所练绝技，实属中国传统硬气功。一个外国人鄙视偏见，虚心学习硬气功，而且青出于蓝而胜于蓝。目前我国仰卧钉床，腹部压上几十片50磅重杠铃片还未曾见到。恰克这种虚心学习，并且学习目的在于超过所学对象的精神实为可嘉。

在竞技场上，恰克无疑是位勇猛的斗士，在日常生活中他则作为一位慈祥可亲的白胡子老人在公开场合出现，人们都喜欢他那强健的体魄，开朗的性格，还有那颗充满热爱的善心。一年到头，孩子们都叫他"桑塔"（圣诞老人的名字），因为他不但长得与圣诞老人一样，皓首银须，而且也非常喜欢到孩子们中间，做他们的好朋友、贴心人。

对于那些不幸的残疾儿童，恰克更是爱护备至，关怀入微。他与许多这样的孩子保持密切的交往，请他们到家里做客。孩子们一遇到困难，他总是伸出热情的手，予以帮助。周末或假日，他常牺牲自己的休息时间，带着孩子们到郊外或者公园游玩，使这些孩子得到和正常人一样的欢乐。作为一位体育知名人士，恰克还经常组织活动，为残疾儿童募捐。多年来，他一直在为孩子们奔走呼号，提醒人们在享受美好生活的同时，不要遗忘那些更需要人间温暖的孩子们。

恰克·布拉克斯顿以他那勇往直前的挑战精神，不同凡响的绝技和诚挚的、热情的爱心成为美国家喻户晓的传奇人物。

在美国还有一位老当益壮的老太太，她的名字叫纽林，在她78岁时参加健美比赛获冠军，她从72岁开始练举重和健美，已夺得25项冠军。当裁判宣布了纽林的年龄时，观众们简直难以置信。

纽林获得的成绩是与她艰苦的训练分不开的，不管刮风下雨，她都准时走进里弗斯体育馆训练。负责纽林的教练说，她刚开始时曾担心纽林的运动量过大，但后来发现这位70多岁的老人，能够完成年轻人无法完成的训练任务。她能够举起100磅杠铃。

纽林把这归功于她的母亲，因为母亲教导她要设定目标并想方设法去实现。纽林原来做护理工作，并进行有关儿童健康咨询工作。她说她从来没有担心会劳累过度，我当过护士，熟悉解剖学，我知道能干什么，不能干什么。

纽林在回答记者有关老人锻炼问题时说："老年人的一个观念应该改变，老年人同样可以练举重和健美。人们会说你这把年纪，这个也不能做，那个也不能做，但事实不是这样。我到体育馆锻炼时从来没考虑过年龄。我看到有人对衰老怕的要死，但只要活着就会变老。而我认为，只要活着就要干点什么。"

纽林教练布朗说得好：她向我们证明，不管年龄多大，一个人只要还能呼吸，他就有生命。而只要有生命，就有希望。

在日本东京代代木奥林匹克游泳馆举行一次不寻常的游泳比赛，即第一届强者游泳锦标赛。参赛者需25岁以上。比赛分36个项目，运动员按年龄每分岁分成一组。由于运动员在各自年龄组创造世界纪录的希望较大，因此参赛者多达3455人，来自19个国家，其中有些人曾是奥运会名将。最引人注目的是有位美国老太太埃拉·佩卡姆，年已87岁。在5年前曾创造过80岁以上老人游泳21个项目的世界纪录。这次锦标赛也是85岁以上年龄组唯一一位参赛者，所以项项夺魁。

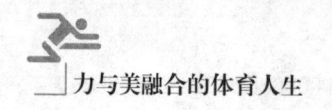

健美巨星与"胜利之神"

尽管半个世纪以来，在世界健美舞台上曾出现过众多的健美明星，但是在世界健美运动史上，最富传奇色彩的人物应当属本世纪唯一获得国际健美联合会金质勋章的阿诺德·施瓦辛格。他那雕塑般的身躯，精湛的演技已成为全世界人民心目中的"胜利之神"。从健美冠军到影坛巨星，阿诺德所取得的成就及影响足以令世人叹为观止。同所有的成功者一样，今日辉煌的阿诺德也同样是走过一条充满艰辛的奋斗之路。

1947年7月30日，阿诺德·施瓦辛格出生在奥地利的塔尔，这是一个仅有1200人的小镇。孩童时代的他，体质很差，常常生病。在酷爱体育的父亲的鼓励下，10岁的时候参加了一支足球队。踢了5年的足球，也许是不太喜欢这项运动，因而表现平平。这期间他也曾练习过游泳、拳击、掷标枪等并取得过一些好成绩，但他似乎总觉得这些项目不太适合自己，因而不能全身心投入其中。5年后一天，足球教练要求阿诺德每周进行一次力量训练。正是这一要求彻底地改变了阿诺德一生的命运。

第一次走进健身房，阿诺德几乎惊呆了。健身房里的人几乎个个宽肩窄背、坚实挺拔，就如同古希腊的雕像一般。这情景深深感染着他，使他热血沸腾，顿感有无穷的力量，于是便举起了令在场健美教练大为震惊的重量，教练们纷纷过来劝说他练习健美。几乎是与此同时，小阿诺德便毫不犹豫地放弃了曾梦想长大后当飞行员、海员、侦探的想法，答应了健美教练的要求。正如在他的自述中所说："健美的形象已深深刻在我的脑海里，我热爱它，并充满了夺取胜利的信心。"我暗暗发誓，一定要成为世界上最好的健美运动员！这时阿诺德15岁，身高1.80米，体重67.5公斤。

对于阿诺德来说，健美是他苦苦寻找的目标和为之奋斗的事业，因而他克服了重重困难，努力地实践着自己的理想。

阿诺德的家距健身房有8英里的路程，他每周训练3个晚上。第一次正式训练，阿诺德近乎有些疯狂，直累得他在回家的路上多次从自行车上摔下来，后来只能索性借助自行车的帮助以步代车，艰难地回到家中。第二天早上，小阿诺德接过母亲递给他的牛奶，"啪"的一声，杯子掉在地上摔得粉碎，母亲惊奇的发现他的手臂已肿得握不住一杯牛奶了……

1968年9月，在欧洲的阿诺德受国际健美联合会的邀请到纽约参加宇宙先生比赛。这次比赛他不仅夺取冠军，更重要的是，他结识了"国际健美联合会"创始人之一的本·韦德。如果说15岁时第一次走进健身房注定要改变阿诺德一生的命运，那么同本·韦德的相识可谓是阿诺德真正走向辉煌的开始。本·韦德惊喜地发现，阿诺德是个天才的健美运动员，于是把他带到美国。在本·韦德的帮助和指导下，每天他都挥汗如雨，举起累计成吨的重量，因而进步更加神速。1969年9月13日，阿诺德首次参加了世界健美最高级别的比赛——"奥林匹亚先生"大赛，虽然赛前因没有处理好训练和营养的关系而仅获亚军，但是不能不说这是个良好的开端。果然在第二年，也就是1970年10月3日，阿诺德便以绝对的优势，如愿以偿地夺得"奥林匹亚先生"大赛的桂冠。之后，他便走出健美舞台。然而，令人难以置信的是，时隔5年后，也就是1980年，已在电影界崭露头角的他再一次参加"奥林匹亚先生"大赛，并再一次夺取冠军。这是他第7次夺魁。从而创造了健美史上辉煌的施瓦辛格时代。不仅如此，阿诺德·施瓦辛格在银幕上也同样创造出令人可望而不可即的新天地。早在70年代初,也正是阿诺德在世界健美舞台上最辉煌的时候,聪明勤奋的他已开始寻找事业发展的新方向。他把目光投向影视界。虽然起初,银幕上的他并未引起人们太多的注意,但不断的实践使他的经验得以不断地积累。等到从健美舞台上退出,他已在银幕上驾轻就熟了。从80年代至今,阿诺德凭借无与伦比的健美体魄在好莱坞先后主演《毁灭者》等20多部惊险、科幻片,塑造了一系列令人叫绝的形象,使全世界的影迷都为之倾倒,开创了好莱坞惊险片的新时代。

退出健美舞台后,阿诺德著书立说,拍摄健身健美录像带,并经常在各地举办健美讲座,义务性进行表演,以推动和促进健美运动和公众健身事业的发展。1989年,他利用自己的影响和资金与健美界很有名望的商人吉米·洛里共同创办了一年一度的、以他的名字命名的高水平的职业健美比赛——"阿诺德传统赛"。

半个世纪的健美风雨路

1998年1月30日凌晨,当国际健美联合会主席本·韦德先生在他的加拿大蒙特利尔的家中被一阵清脆的电话铃声从睡梦中吵醒时,他立即意识到:在这个时刻打电话来的人,一定是有迫不及待的消息要通知他。

果然,电话是从1998年冬奥会举办地日本长野打来的。本·韦德听到电话那头传来一位他熟识的国际奥委会执委会高级官员的声音:"祝贺你,终于赢了!国际奥委会执委会在今天的会议上(由于时差,此时为长野的傍晚)正式承认了国际健美联合会,接纳健美运动为奥林匹克大家庭的一员了。"

这实在是一个天大的喜讯！本·韦德一下睡意全无。本·韦德兴奋地将这一好消息打电话告诉给他的兄弟——也是国际健联创始人之一的乔·韦德和他的儿子埃利克。

知情者都了解，这一切实在来之不易。这一个两分钟的越洋电话事实上是一段长达52年奋斗历程的结果。本·韦德和他的兄弟乔·韦德早在1946年创立了国际健美联合会，经历了半个世纪的努力，使健美运动在全世界得到了很好的发展，也拥有令国际奥委会无法小视的169个成员国和地区，一跃成为全球第6大体育单项联合会。健美比赛在11个国际奥委会承认的区域性以及国际性综合运动会上都被列为正式比赛项目，包括在世界运动会和泛美运动会上，并得到100多个国家奥委会的认可。健美运动实际上已经成为全球受人欢迎的健身运动之一。

然而，获得国际奥委会的承认，在20世纪90年代初在不少人看来仍是一个不现实的梦想。对本·韦德来说，他仍然无法忘却发生在1969年的一个小插曲。当时，成立了23年的国际健美联合会终于被吸收加入了国际单项体育联合会总会。当本·韦德向各位到会的国际单项体育联合会负责人发表演说时，当时的国际拳击联合会主席毫不客气地嘲笑说，健美运动员只是可笑地向人们展示他们从头到脚的肌肉而已。更多的人则认为，要想让国际健美联合会获得国际奥委会的承认将"永远都不可能"。然而，本·韦德却不肯放弃他的梦想。

本·韦德一次又一次地申请都遭到了否决。这时已到了1978年，国际奥委会在其瑞士洛桑总部举行了一个招待会，本·韦德在当时的国际举重联合会秘书长奥斯卡·斯塔特的陪同下出席了招待会。斯塔特此时也是国际健联的顾问。当招待会接近尾声时，本·韦德终于有机会向当时的国际奥委会主席基拉宁直接提出他最关心的问题："您能否考虑让健美运动进入奥运会？"

基拉宁立即回答说："当然可以，等我死了以后吧。"

也许，健美运动获国际奥委会承认走过半个世纪的漫长历程，与这项运动创立之艰难不无关联。那是1946年10月的一个寒冷的傍晚，才刚刚20出头的本·韦德和乔·韦德兄弟俩正在等待着加拿大历史上第一届有组织的健美比赛——加拿大先生大赛的开幕。几个星期以来，为了筹备这一比赛，兄弟俩在各地不断地兜售门票，期望可容纳1500人的蒙特利尔国家纪念剧院届时能够有人捧场。兄弟俩果然将票基本都卖出去了。

随着入场时间的到来，越来越多的观众聚集在了剧院门口。这时本和乔看到了两位当时控制加拿大业余体育运动的加拿大业余体育联盟的代表出现在了后台。乔有些疑惑地提醒本，他们怎么进后台了？但本却认为这没什么，因为早在一个月之前，他已经从业余体育联盟那里获得了许可，条件是将本次比赛收入的1/2交给业余体育联盟。然而，本看到这两人径直走到正准备上台的参赛选手面前，对他们说，他们收回了比赛许可，任何参加比赛的人将会被取消业余身份。本简直不敢相信自己的耳朵。

他责问道："你们怎么能在离比赛开始只有几分钟的时候这么做？你们怎么能不守信用吗？"

到了1969年，国际健美联合会已经有了60个成员，达到了国际奥委会要求的最低标准。早在几年前，国际健联已开始制定第一部章程。1970年，国际健联第一届全体代表大会在南斯拉夫的贝尔格莱德举行，正式通过了第一部章程。从那以后，国际健联都会在一年一度的世界健美锦标赛或奥林匹克先生大赛期间举行一次会议。

健美的魔力

赫恩原来是个健壮的小伙子，他住在美国佛罗里达州的巴拿马城，在一家家具公司当搬运工。1980年在一次事故中，他的双脚不幸被铲车砸坏，近三年不能工作，大部分时间是待在家里的轮椅上。

事故发生前，赫恩的体重总在80公斤左右，受伤后，活动少但食量猛增。每天早晨要吃一大盘燕麦粉，五条烤肉，三根香肠，两片面包，三大杯橘汁。午饭是三个牛肉饼，一盘法国炸肉和几杯饮料。下午他最喜欢吃的是半个小甜饼。晚饭要吃三块炸猪排，再加上法国炸肉或一袋土豆片，有时还吃半斤猪肉蚕豆。最后他还吃两个冰激凌。

两年后，他不仅为这种嗜吃的习惯花费了不少钱，而且还得了高血压，经常感到疲劳。体重增加到154公斤，成了名副其实的大胖子。无论走到哪里，别人都对他"另眼相看"。

引人注目的肥胖使赫恩感到难堪，他决定把控制饮食和锻炼健美结合起来，以减轻体重。练健美赫恩并非一个生手，他在中学时曾练过举重，这次他重操旧业，再返健身房进行训练。然而这次遇到的困难相当大。为了生活他每天工作10个小时，但上班前必须先去健身房练举重，骑健身自行车。晚上还要去另一个健身房，那里有不同的健美器械，可以把肌肉练得更加匀称、发达。赫恩还努力改掉暴食习惯，合理控制饮食。不吃糖和乳制品，每天早晨吃些桔子、葡萄等。正餐经常吃一块烤鸡配一块马铃薯和一些蔬菜。4个月后，赫恩的体重就减去60公斤。两年后，他便成为一个体格健壮、全身肌肉发达、结实匀称的男子汉，体重只有70公斤了。赫恩于1985年多次参加佛罗里达州健美比赛，共3次获奖，被评为巴拿马城"健美先生"称号。目前，他正在积极刻苦训练，准备参加全国性健美比赛。他说，健美锻炼给了我第二个青春。

健美运动，外文原意是"健身运动"，是运动员通过不断增加负重力量练习、发展肌肉、发展力量，使身体变得强壮健美。

健美运动是19世纪末开始发展起来的。奥地利人尤金桑多是当时世界上第一个健美大师。世界上第一次健美比赛称为"伟大的体格比赛"。从那时起，世界上名目繁多的职业和业余健美比赛相继问世。如评选"全世界体格最强的人""宇宙先生""国际先生""奥林匹克先生""奥林匹克小姐"等等。

80年代开始健美运动发展很快，最普及的是美国。特别是女子健美发展尤快。1980年以来，美国仅参加女子职业健美比赛的人数将由1984年的5000人增加到1.2万人。

健美比赛有独特的比赛方式，它不是比某一项目技能，而是比谁的体格最强最美。

健美比赛按体重分5个级别。有男女规定和自选动作。由5个裁判评分。裁判员根据运动员各部肌肉是否匀称、体形的比例、肌肉发达程度、皮肤色泽、造型姿态、综合印象等8个方面进行评分。5名裁判员报出各自对某一运动员评分后，记录员将最高最低分去掉，将剩下3个分相加，即为该运动员所得分数。

最后，除各级冠军和名次外还产生比赛全场冠军。此外还有男女双人和团体表演等。

水中运动的健身新术

近年来，一种健身新潮——水中运动在美国南加州健身爱好者中掀起，这种通过在水中轻型运动来达到强身健体，振奋精神目的的体育锻炼，非但不会引起损伤，反而可以帮助伤后康复。

过去的两年里，有关水中运动的论著、器材、技术应运而生，同时还造就和拯救了一批高水平的运动人才。

玛丽·德克尔·斯兰利在1984年奥运会田径预赛中，因脚扭伤惨遭失败，但她并没有因此一蹶不振。在疗伤期间，她开始在水中慢跑，这样，即能使她大战临前，坚持训练，又避免了陆地上的训练将会产生的冲击力，使伤口无法愈合。

奇迹出现了。在刚刚恢复陆地训练后仅仅10天，斯兰利就改写了2000米赛世界纪录，使熟知此事之人士也大为震惊。

受益者绝非仅限于运动名将。

今年37岁的律师杰丽·杰克逊为结合膝关节治疗，开始做水中运动。去年感恩节到来之前，杰克逊做了一次矫正膝关节外科手术。手术后四天，杰克逊身披"水用背心"（一种能使运动者在水中跑动时身体保持直立的救生背心）开始了这项运动。"两周内，我的关节几乎已经恢复到它活动的最大范围，"杰克逊说，"医生告诉我说，这是他所见到的手术后恢复得最快的一例。"

从此，杰克逊告别了陆上跑步运动，迷上了"无震动"型体育锻炼，每周骑车及在水中慢跑2—3次。"水中同陆地上慢跑大不一样，"他说，

"我的背部、臀部、踝关节及双脚都不会有任何痛感。水中慢跑使你浑身轻松,容光焕发。"

水中慢跑前,需先穿好特别的救生背心,然后跑入水中,同在陆地一样向前跑动。所不同的是,双手呈环状,以保持身体平衡。

该运动倡导者们指出:如果你像在陆上一样精神饱满地投入水中慢跑运动的话,你将同样能获得消耗热能、强心健肺、增强肌肉之功效,并获得同样的高涨与兴奋之感。

由于陆地上跑步锻炼会引起损伤,水中运动越来越得到人们的青睐。

前不久,"长滩纪念医疗中心"进行了一次调查,结果表明,在任何一段时间内,每100名不经常跑步的人中间,就有40人因跑步锻炼而受伤。伯明翰生物动能学会副会长林恩·麦克活特斯女士说:"水中慢跑比陆地上要有趣得多。"

麦克活特斯的丈夫,生物动能学会会长格伦是该运动创始人之一。1970年越南战争期间,格伦腿部中弹,人们都说他伤势太重,将永远无法再用自己的两条腿走路。一次,他遇见一位医生,医生建议他不妨试试游泳,以帮助伤腿恢复。

他这样做了。果然,伤腿得到了恢复并已能够凭自己的双腿再次行走。随后,他便设计出"水用背心",号召人们都来从事这项有益的运动。

至今,包括网球、篮球、美式足球等许多项目的运动员都参加了这项运动。其中不乏许多的世界冠军。"其实,无论你喜欢哪项运动,都可以将其引入水中,从而获益。"圣蒙妮卡运动团体主席休易女士说:"你可以用一只旧的网球拍,在水中练习你尚不完善的动作。""水的阻力比空气大12倍,它可使你的击球动作减慢,近乎停止状态,以便你更容易地校正动作,完善技巧。"

棒球运动亦然。

旧金山"49人"足球队甚至在水中练习罚点球。

休易的方法已被美国体育界广泛接受。她为许多体育名流开课,传授技艺。学员中有许多是著名田径运动员及加州大学洛杉矶分院的体育明星。

同麦克活特斯一样，休易是在一次恢复肢部扭伤时开始这项运动的。她说："当时有人告诉我，可以通过水中运动帮助恢复。我试了一下，发现在水中行走不跛。运动后，你会有一种奇妙的清新感。从此，我就迷上了这项运动。"

休易的教课分为8个部分。其中包括20分钟的水中弹跳运动，其他动作均用以舒展及强健各处肌肉。如：振臂展翅、双腿摇荡、划剪、双腿划圈、双臂荡桨、挥臂及双手击水等。休易还编出可在浴池或浴缸内锻炼的动作。

在今年5月举办的国际舞蹈与运动协会会议期间，也开办了水中运动训练讲座，授课3节。一位名叫林恩的某体育俱乐部主任参加了这次讲座。他说："我原是一名教练。7年前，我背上长了3个肿瘤，不得不动手术，因而停止了陆地上的锻炼。手术后，我曾谋略做些震动感不大的运动。然而，即使这些运动，对我来说还是过于激烈。通过水中运动训练讲座的学习，我决定从事这项运动。

如今，林恩所在的俱乐部每周开课6天，每期招收学员20名左右，每节课1小时。30分钟为激烈运动，30分钟为舒展肌肉运动。

课堂设在齐胸深的水里，动作比正常的舞蹈运动慢而夸张。但林恩并未将音乐节奏放慢许多。传统节奏为每分钟150拍，林恩播放的为140拍。

该课吸引了众多的学生。从既想坚持锻炼，不愿因此而震荡尚未出世婴孩的孕妇，到患有关节病痛的老人；还有在学校体育不如别人，怀有自卑感的学生；更有那些因陆地上运动而伤的病人。他们觉得在水中运动更美。

"比起正常的体育锻炼来，我更喜欢水中运动。"林恩说道，"以前，每当从课堂上下来时，我觉得像刚从旋转的洗衣机里出来一样。但是，当你在水中待上60分钟，情况却大不一样，我们在水中聚在一块儿，相互间

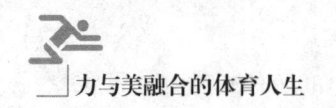

可任意谈笑，彼此间更亲近、更友好，每次运动后，披着阳光，走出水池，你丝毫不觉得疲惫，反而感到精神振奋"。

永恒的流行元素——健美

人类在地球上大约已经生活了1400万年，在这漫长的过程中，不知付出多少劳动和生命的代价，经历了多少艰难困苦，人类才不仅成为有意志、有目的，特别是有高度智慧的人，而且成为容貌和肢体如此美丽、轻捷的人。任何美的动物、美的植物、美的山川，固然都各有其美的所在，然而它们都无法与人类媲美。最健美的狮虎能和最健美的男人相比吗？最美丽的孔雀能和最美丽的姑娘相比吗？都不能。人是世间美之尤者。

人本身除了由心灵和行为所表现出的美外，还有由人的容貌和形体所表现出来的美，这就是我们通常所说的人体美。

诚然，心灵美，令人羡慕，而形体美亦令人追求。俗话说，爱美是人的天性。高尔基有句名言："照天性而言，人人都是美学家。"

早在四五万年以前，当我们的祖先腰里围着兽皮、树叶，还在山洞里的时候，他们就开始把石珠、兽牙、贝壳穿成长串，套在脖子上美化自己。据考古学家发现在五万年前山顶洞人，就用贝壳、兽骨磨成各种形状，做成项链。有时还聚集在火堆旁手舞足蹈，抒发美的感情，这就是人类最初的美的意识。以后，在他们同自然界的斗争中越来越多地创造了物质财富和精神财富。人们在改造自然的过程中也培养和发展了自己的审美能力。几万年前就产生了表现体形美的艺术，那就是原始民族崇尚的图腾。

随着社会生产力和生产关系的发展变化，美的内容和形式也发生了变化。美成了人们生活中一种欣赏和享受，一种向往和追求，同样人也用审美的眼光看待自己的身体，评价自己身体，也随之产生人体美的概念。人体美集中体现出造型艺术美。健美人体是一种精致、巧妙的杰作，是万物造化之巅。

古希腊人对体育那样崇尚，在世界上是罕见的。居住在地中海岸的古希腊人要出海经商，而且当时一个个城邦相互间经常发生冲突，这就需要他们具备强健的身体和慓悍的性格。男子们习惯脱得赤条条的，浑身涂上橄榄油，在烈日下锻炼身体。那时候，体育活动和竞技活动是经常举行的。在竞技场上，男子一丝不挂，出入于大庭广众之间，一面表演竞技，一面炫耀着健美的体形。女子平时穿衣也极少，每逢酒神节，便轮到她们显示女性身体健美了，她们也赤裸着身体，和男人一道参加集会。那时古希腊人出于朴素唯物主义和乐观主义精神，把身体的健美同力量和生命联系起来，认为在世界万物中，只有健美的人体才是最匀称、最和谐、最庄重、最有生气，因而也是最完美的。所以，他们把人体健美看作美的最高标准，认为人体的健美就是最理想的美了。这样，理想的形体健美也就成为艺术家们塑造人物艺术形象时的标准了。古希腊留下来的那些传世之作，都是以当时健美的男女运动员为模特的。健康的守护神阿波罗、爱与美之神维纳斯以及中国古代大力士像，这些都是人们理想中的神的形象。这些成功的艺术形象如同不朽的丰碑永存下来。

西风起，她诞生，在浪涛澎湃的大海上，
从一堆美妙的泡沫中涌出；
红花飘舞，水波浮动，把她载到海浪环绕的辛泰拉；
——她的岛
载着花圈的女神，快乐地迎接她；
她们把神衣披上她的玉体，

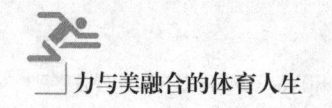

带她到众神那里。

这是古希腊盲诗人荷马赞美"美丽的金发女神"诗句。意大利画家波提切利从这些诗句受到启发,构思出一幅闻名遐迩的杰作《维纳斯的诞生》。画面上维纳斯亭亭玉立地站在一片贝壳上从海面飘来……这些人们所追求理想化人体美的形象,无不是按照当时理想的健美人体来塑造的,现今已成为"后人不可企及的典范"。正是由于古希腊人对人体健美崇尚达到高峰,才使得健美人体进入到艺术天地中去。

在中国古代同样如此。我们的先民们也有过崇拜人体形体美的阶段。高山族至今还保留着这类作品。战国时期的宋玉,在他写的《登徒子好色赋》中就描写了一个"增一分则太长,减一分则太短……"的最标准美女形象。在敦煌壁画上,我们能见到许多体态俊美、神采飞扬的"飞天仕女"形象。

自古以来,男性美一直保持着强健的意义。虎背熊腰彪形大汉,是古代中国形容健美男子的形象。事实上自古以来,人们就很注意人体的健与美,我们中华民族也早就有自己的健美传统。

"波兹坎什"与华夏马术

在阿富汗北部,每逢佳节或节日盛典,人们极易看到一种紧张、激烈"波兹坎什"比赛。"波兹"是山羊的意思;"坎什"是抢夺的意思。"波兹坎什"就是抢羊比赛,它是阿富汗人民古老的传统的体育活动。

"波兹坎什"比赛,多在平坦的草地上进行。比赛场上热闹非凡,人山人海，人人引颈翘首，个个兴奋不已。周围几百里远的牧民也常常驱车、骑马前来观看比赛。

比赛场是块平坦的大草地，草地中央两队运动员服装颜色迥异，骑手们开始围着一头砍去了头的牛犊，当裁判员发令后，两队运动员激烈争夺这头牛犊。散在外围的骑手都拼命地向场地中央冲去，寻找时机，楔人小圈之中，马嘶声、人喊声，响成一片，萦绕在比赛场角逐圈上……

突然，一匹坐骑跪下了前蹄，马背上骑手手疾眼快，只见他伏身一捞，将牛犊抢到手。于是同队的一名骑手为他带起马缰绳，另一名同队骑手猛的挥马加鞭，载着牛犊的骏马立即风驰电掣般冲了出去。对方的骑手们岂肯罢休认输，于是他们也扬鞭策马，箭也似的追了上去。有的紧跟对手马后，咬住不放，有的划着弧形去绕道拦截，有的干脆迎头冲上前，有的从侧面进攻，都企图将牛犊抢回来。得牛犊一方却千方百计保住牛犊，有的骑手死死保护载犊的坐骑人，有的则设法阻止包抄或进攻，不让对方靠近。这样，双方就会在草原上展开一场攻守恶战，往往是双方绞在一起，你中有我，我中有你。经过一阵激烈地争夺后，牛犊不可避免地被抢落地，但转眼间又被某一方骑手捞起来……就这样反反复复争夺拉锯，牛犊终于最后被扔进得分圈，一场惊心动魄的鏖战宣告结束，哪个队最后将牛犊扔进得分圈，哪个队获胜。

"波兹坎什"原是阿富汗人民古老传统体育项目，早期使用山羊为角逐物。但长期的实践中发现，由于抢夺激烈往往山羊被抢撕成几块，最后胜负难定，因此改成抢牛犊而要将牛犊撕成几块就不那么容易。在蒙古、中国新疆至今也还有"波兹坎什"比赛仍以山羊为追逐物的。由于"波兹坎什"比赛深受人民欢迎，除了阿富汗外也传播到其他国家。阿富汗奥林匹克委员会特为"波兹坎什"制定了正式比赛规则：比赛分两队，每队十骑。场地正方形，每边长400米，场地一端，左右各设一得分圈，每队各一。场地另一端正中竖一旗杆。牛犊放入起始圈中，比赛开始，两队骑手交错围住起始圈，骑马的裁判一声哨响，20匹坐骑便可冲向牛犊。攫得牛

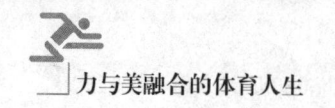

犊者立即向旗杆驰去。绕过旗竿后再跑回来，将牛犊扔进得分圈，这就算赢两分。整场比赛50分钟，中间休息15分钟。

阿富汗人民素以勇敢、强悍称著于世，而"抢羊"的骑手是他们中的佼佼者。"抢羊"骑手不但要有强健的体魄、勇敢顽强的斗志，而且必须骑术精湛娴熟，善于队员间默契配合。骑手们早在12岁时就接受"抢羊"训练，开始训练骑术，全面提高骑手的身体素质。到了20岁就可以参加比赛了，直到45岁时便可退出角逐圈。参加比赛的马都非比寻常，都是百里挑一的骏马，速度快、耐力好，而且还要相当灵巧。

这种含有激烈对抗性质的"波兹坎什"是怎样发展起来的呢？

"波兹坎什"的兴起发展和成吉思汗的侵略有很大关系。原来蒙古民族从13世纪初开始就在成吉思汗领导下统一起来。他们在长期而艰苦的草原生活中，锻炼出慓勇强悍性格，而且骑术高明，行军迅速。他们特别善于插入敌营，在敌军重重包围之中，灵活自如驰骋。打起仗来很难对付。曾经坚决反抗侵略的阿富汗北方人民，受到成吉思汗骑兵的启发，当时成吉思汗曾使亚洲、欧洲许多国家被征服。因此阿富汗人民自发的兴起"波兹坎什"比赛，以培养勇敢、顽强的精神和高超的骑术，以便在敌人侵略时能英勇善战，抗击侵略者。

"波兹坎什"是阿富汗人民的一种独特的马术运动。古老的中国马术运动也有两千来年的历史。它起源于远古人类生产和战争活动中。自西汉后马术运动就有高水平发展。文人武士都热衷于马术，就连女子也活跃于马背上。据史书记载，以训练舞马、以自娱或庆盛会盛况空前："舞马四百蹄，各为左右，分为部目。无不曲尽其妙，因命衣以文绣，络以金银，饰其鬃鬣，间杂珠玉，其曲之倾杯乐者数十回，奋首鼓尾，纵横应节，又施三层板床，乘马而上，旋转如飞，或命壮士举一榻，马舞于榻上……"这样百马竞舞并以各种特技表演的宏观表演场面，是现代奥运会的盛装舞步马术不可同日而语的。

马蹄与球杆的碰撞

马球被认为是世界上最古老的运动之一，迄今为止至少有2500年的历史。普遍认为自从中国、小亚细亚和印度次大陆有了四处征战的轻骑兵，就有了马球这项运动。不过那时打马球的多是君主和宫廷贵族。

马球在我国始于汉、魏朝，到了唐、宋已极为盛行。

古代马球同现代马球打法不尽相同。古代，场地窄长，每队参加人数多。开球的方式有时是将球放在场地中央，双方纵马从端线冲过来；有时把球抛在空中，用球杆向球门打去。球杆形状也与现在不同。在日本和拜占庭，球杆的样子像一个长柄羽毛球拍，而且球也是用皮草包起来的。

现代马球运动是英国殖民者在印度发展起来的。马球场长300米，宽100米，在两端线中间各设8米宽球门。比赛时双方各4名队员骑马上场，手持藤柄带木拐的丁字形球棒击球，每进一球得一分，每场比赛共分4局，每局8分钟，每局之间休息3分钟，第2、3局之间休息5分钟，并交换场地。

后来英国人又把马球带到西方，使之在很多发达国家中传播开来。现在世界各地都有马球运动，并有了国际性组织和统一的比赛规则。马球运动已经进入奥运会。阿根廷是当今世界头号马球强国，其次是美国、英国、法国、墨西哥等国，实力也很雄厚。

但是现代马球正处在一个不断发展的阶段，由于运动和比赛形式具有不同特色，因此产生不同风格的马球运动。

马球在法国是深受人们喜爱的运动，法国马球就独具特色。这项运动是1978年，始于法国西南部的一个小镇，是一位当地橄榄球迷想出来的。一个偶然机会，他参观马术学校时，灵机一动，产生了把马术和橄榄球结合，开创一种新项目的想法，经过不断的研究和改进，法国马球这项独具特色项目产生了。

法国马球是一项队制运动，比赛规则由橄榄球、篮球和马术规则演变而来。每队五位骑士，五匹骏马组成。比赛用球是一个捆了几条带子的圆球，端线设3.5米高篮筐，篮筐钉在木架上，双方骑士徒手争持球控制权，并且把球送入对方篮内。每送一球得1分，得分多者获胜。

比赛分两节进行，每节10分钟。比赛规定，比赛进行中，运动员不能单脚和双脚触地。马球比赛时运动员的骑术、人马配合要求非常高。骑士们要在马上用身体语言、鞭法指挥着战马横冲直撞，左跃右跳，快奔慢跑、发起锐不可当的冲刺和强劲的围追堵截以及配合默契的整体攻防。

骑士的精湛骑术，以及人马默契配合，使人惊心动魄。如骑士单手拉马缰，双脚紧夹马肚侧身弯腰抢马球的精彩场面，当然也少不了有人仰马翻的场面。在法国，观看马球比赛的人很多。

中国是"自行车王国"，但是在中国，自行车除了用作代步和运输工具外，作为体育运动也不过是赛车而已。然而在英国将自行车代骏马，盛行自行车马球。这种自行车马球起源于1891年爱尔兰牧民之中。很快就流传开来。自行车马球所用击球棒同马球所用一样，（一支长的T形棒）但骑的并不是马，而是残旧的自行车。在当时是一种新兴的游戏，人们怀着一种结交朋友的轻松心情参加竞赛。尽兴之后，就到酒吧溃堤去喝上几杯啤酒。

目前，自行车马球为欧洲人喜爱。比赛上下半时各20分钟，场地在足球场，两队各有8名队员，比赛用球即曲棍球用球，以攻入对方球门多少分胜负。

独行木马声声碎

　　现代滑雪运动是从19世纪60年代挪威人努尔海姆发明雪板固定装置开始的。而今的滑雪板是塑料制成的。除了越野滑雪、跳台滑雪，还有花样滑雪和急陡滑雪。但你可知道滑雪运动是最古老的运动之一。这项运动的萌发可追溯到四五千年前，最早穿用雪鞋的是爱斯基摩人和北美印第安人。在瑞典和芬兰沼泽地发现古代滑雪板，经考证是4000—5000年前的遗物。当我们的祖先还处在茹毛饮血、狩猎为生的时代，就已创造出这种交通工具。冬天，他们借助它在白雪皑皑的大地上追捕野兽，并作长途滑行。起初，滑雪板只是树枝、树皮、兽骨之类的东西，后来才用木板、木片来代替。这一情况，在中国也有类似发展进程。在《室书传》中记载："气候最寒，雪深没马，地多积雪，惧陷坑阱，骑木而行。"在今天的嫩江流域，大兴安岭南部，山上多松、桦、榆、柞之木，兽类则有野鹿、獐子、狍子、貂、獭、野猪等。气候寒冷，常在零下20℃—30℃，无霜期短，室书人尚不会耕种，只能靠捕猎獐鹿，食肉衣皮生活。在漫长的冬季，江河封冻，遍地白雪覆盖，在这样的山野追猎野兽，很容易误陷其中，"深可没马"，人陷下去很难出来。有生命之危，无疑是人们生产活动和生活的巨大障碍，这就产生了矛盾，既要捕猎，又要防陷坑阱，这就迫使室书人发明了这巧妙的行动方式——骑木而行。这里所说的"骑木"就是骑木马。木马是滑雪的器具，"以板藉足"，是把木板置于脚下，脚踩在木板上，木板接触冰雪面积大，可以分散人体重力的压强，不致于在冰雪上陷落，特别适用于积雪上使用。木板平滑，减少与冰雪的摩擦，利于在冰雪上滑行。要滑行还要有动力，于是室书人创造出"屈木支腋"的方法。就是制造两根一端带弯的木棍，支撑在腋下，象残足人用的双拐一样，采用双杖支撑，双脚同时滑行的办法。用这种木马追猎野兽，一快二稳三省力，不再惧怕陷落雪窟，确是好方法，无疑，这是劳动人民在生产劳动中的伟大创造。这种木马，就是滑雪板。滑雪板是什么样呢？据记载：滑雪板形状像盾牌，长形或长椭圆形，前端翘起以克服前方堆雪阻力，用马皮顺毛向后包于雪板之底面，以增加滑度有如润滑之剂。使用时用绳或带缚于脚下，可见这种滑雪板轻巧适用。双足起滑，一动可滑百步。

公元400—1250年间，在冰岛、芬兰、俄国盛行滑雪运动，传说中把这些滑雪英雄描绘得疾行如飞。特别是在斯堪的纳维亚地区形成"滑雪热潮"，当时滑雪板是两块长短不一的，短的包上兽皮，为使撑滑时便于用力，长的一块主要用于滑行。当时的滑雪杖是单根的，也没有下面圆盘，只是一根撑棒而已。

滑雪运动从17世纪始，滑行技术被军队所注视。据记载，1608年，一支1000人滑雪部队（俄罗斯部队）曾彻底击溃了入侵的波兰部队，保卫了祖国疆土。

据1690年报道，居住在南斯拉夫莱巴赫地区的农民，曾经用短的滑雪板从朱理安山脉山上滑下来，同时他们还掌握了改变滑行方向的技术。然而这个时期，阿尔卑斯山山脉地区还未有人会滑雪。

现代滑雪运动的故乡可说是挪威。滑雪（Skiing）一词即源于古挪威语"Skith"（即雪鞋之意）。1737年，挪威在军队中就已建立了"滑雪连队"。1767年，在奥斯陆举行了首届军事滑雪比赛。1733年，挪威的C.J.埃马胡森为军队编了第一本滑雪专用书《滑雪运动指南》。1843年挪威南部已有了专门滑雪场，除了平面滑雪外，挪威人还进行了跳越小丘的练习。跳台飞跃就是从跳越小丘练习发展起来的。先是将腿缩起来，后来发展到把两腿伸直。1875年，挪威建立了世界上第一个滑雪俱乐部。当时挪威被称为"近代滑雪之父"的诺海德姆发现过去的滑雪板不缚在脚上,只是踩在板上,不仅速度慢难以转身、急停,而且爬坡时容易摔跟头,同时滑雪杖又粗又长,不听使唤。于是这位滑雪家,创造了短雪杖,并且将脚系于滑雪板上,这样就大大推进了滑雪技术转身、急停、上下坡技术的发展。

1920年,国际滑雪委员会成立,统一了比赛规则,开始组办国际滑雪比赛。1924年,滑雪运动被列为首届冬季奥运会正式比赛项目。

少年王子降烈马

欧洲古代有个马其顿王国,是巴尔干半岛中部的小邦国。它在一个叫腓力二世国王治理下,日益强大。腓力二世有个儿子叫亚历山大,他是个十分勇敢而聪明的孩子,他十几岁就拜古希腊大哲学家亚里士多德为师,少年亚历山大王子接受亚里士多德良好的体育教育,不但智力、品行修养方面提高很快,而且学得一身好骑术,英姿勃发,勇气超人。

一天,有个马夫对腓力二世说,有人牵着一匹叫"比塞弗勒斯"的马叫卖,这可是一匹名马,尽管性子暴烈,但确实是匹千里驹啊!

腓力二世很动心,那时代人们都很尚武,喜欢好的兵器和好的战马,腓力二世出了很高价钱把这匹马买下来,并决定挑个好日子驯马。

到了选定的日子,国王亲自到城外宽阔的试马场,许多王公贵族前呼后拥着国王,好像平时去狩猎一样轻松随便。试马场上气氛活跃,王子亚历山大也在其中,他两只眼睛紧盯着驯马师将要牵出马的方向,他的神情很紧张,一点也不像是个12岁的孩子。

驯马师终于出现了,而且不止一个。为了对付这匹烈马,国王请来许多驯马高手。驯马本身就需要首先骑术高超，不然是不可能驯服马的，何况这些高手都是驯马手中的知名者，所以特别引人注目。这天天气很好，微风吹拂在每个人脸上，灿烂的阳光照耀着贵族华丽衣饰，腓力二世的王冠也被照得闪闪发亮。第一个驯马师走到国王前鞠个躬，很骄傲自信地走向烈马，但试马并不顺利。"比塞弗勒斯"根本不买任何人的账，它不是尥蹶子，就是狂嘶乱蹦，谁也靠近不了它，更别想骑到马背跑一圈了。后来有一个驯马师本事不小，手疾眼快一把抓住马笼头就势翻上马背，但立刻就被这匹马颠了下来，摔在地上好长时间起不来，场面十分惊险。在一旁观看的国王和贵族们也都紧张起来，他们没料到这匹烈马却这么难以驯服，心里在想：既然谁也制服不了它，再名贵的马，也只是个摆设，实在太可惜。

驯马师们原想在国王面前露一手，显显本事，但却出了丑，挨了摔。他们又气又恼，举起长长鞭子使劲地朝"比塞弗勒斯"抽去。这下更糟了，普通的马会被鞭子制服，可这是一匹极有灵气的名马，它不容别人侮辱它，所以挨了几鞭后，它变得更暴躁了，不仅乱跳狂嘶，还乱冲乱闯，这太危险了。国王看到这种局面，摇摇头挥挥手说："算了吧！算了吧！把它牵走！"

这时，一直在旁边观看的王子亚历山大说话了："就因为这些驯马师无能，把这么好的一匹马给折腾得失去理智，唉，这可真把它给毁了。"亚历山大发自内心的叹息，使他的父亲感到十分可笑。

"小孩子，可不能随便说大话，难道你还比这些知名的驯马师还高明吗？"腓力二世带着嘲讽的口吻说："难道你能驯服它？"

亚历山大沉思一会，勇敢地回答说："父王，只要您同意，我想试试。我想我能将这匹马驯服得比哪匹马都好。"

腓力二世大为惊讶："你可不要开玩笑，假如你做不到怎么办？"

"我把您买马钱全部还给您。"亚历山大果断地说。

所有在场的人，看到亚历山大未脱稚气的脸上一副一本正经的表情，都放声大笑起来，有的笑得前仰后合。他们把亚历山大的话当成戏言。然而，腓力二世却答应让儿子试试。

亚历山大慢慢站起来，尽量显示出无所谓的样子，开始走近这匹烈马，他轻轻地抓住马笼头，小心翼翼地把马头转向朝着太阳。因为他在一旁早就留意到，这匹马惧怕它的影子。它一背向阳光，看见地上有自己影子就会跳起来。

亚历山大又用手轻柔地抚摸着马脖子，温和地对它说起话来，烈马温顺地垂着头，时而还抬腿蹭一下王子，仿佛听懂了王子所说的话。

猛然间，亚历山大纵身一跃，跳上马背，动作干净利落。烈马没想到一下子被人愚弄了，它勾起前蹄，用两只后蹄直立起来，狂嘶一声，不住地打转，想把骑士从背上甩下来。可是亚历山大紧紧抓住马缰绳，全身贴伏在马背上，就像胶粘上一样。尽管烈马怎样变招也不管用。只见它猛的放下前蹄，后腿缩起，然后蹲下去，猛然前蹄飞快蹦起，然而也无法将亚历山大甩下马。这时它对背上这个粘劲十足的孩子真是黔驴技穷，于是它使出最后一招，"嗖"的一声，烈马像箭似的飞奔冲出试马场，很快就消失得无影无踪。

在场的人都为亚历山大捏把汗，卫士们急忙骑马追上去。腓力二世担心儿子被马甩下来踩死，急得团团转。

可是没多久，他们就看见亚历山大笑眯眯地骑着烈马缓缓走回来，这时的烈马大汗淋漓，已经显出疲惫的样子。

啊！瞧，这孩子竟然制服了这匹烈马。

"王子殿下，真有本事"，人们纷纷议论着。

亚历山大轻松的把马头一拨，调转马身走到父亲面前。

"父王，您看，我这个骑手够格吗？"亚历山大潇洒地翻身跳下马，朝腓力二世鞠个躬。

腓力二世高兴地不知所措，"我的孩子，你果然是智勇双全。"腓力二世情不自禁地弯腰搂着亚历山大，亲吻着他。周围的人都热烈地欢呼

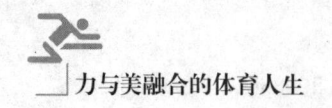

起来。

从此,这位王子同这匹烈马成了形影不离的好朋友。这位勇敢的王子后来成了大名鼎鼎的亚历山大大帝。他20岁当国王并亲率3万步兵、5000骑兵、160艘战舰征战波斯。公元前334年征服属国埃及,亲自选地址建造一座新城,并以他的名字命名,这就是亚历山大城。经过多年征战,亚历山大大展宏图,充分显示出他的勇敢、谋略和才能。亚历山大之所以能成就一番大事业,这和亚里士多德出色的全面教育分不开。亚历山大曾说过这样一句话:"生我的是父母,使我明白如何生活才是有价值的,则是我的老师亚里士多德。"

月阁灯下打马球

唐代是我国马球盛行的时期,上自皇帝,下至诸大臣、文人武将,大多都以此为乐。1971年,陕西省博物馆在乾县发掘了唐章怀太子李贤墓,墓中陪葬的文物甚多,墓道两侧有50多幅完好壁画,《打鞠图》就是其中一幅画面上有正在跑动的20余匹骏马,体态丰满,细尾扎结,骑马人头戴幞巾,脚穿长靴,手执鞠杖,一位骑枣红马的骑手跑在最前面,后面几个骑手驱马争抢。故宫博物馆珍藏一面唐代打马球青铜镜,图像十分逼真。1972年,新疆阿斯塔那唐墓出土的打马球俑,其形象也非常逼真,这些都生动反映了唐代社会喜爱马球活动的风尚。

我国古代骑兵虽创于战国时的赵灵王,但当时只不过是一个附属兵种。到了南北朝,盛行甲马,就是给马匹穿上防护的甲具,俗称铁骑。唐太宗李世民改变了骑兵装具,成为轻骑兵,发挥了骑兵快速机动与远程奔袭的特长，这种特长符合大唐帝国地域辽阔，疆域广大的战略需要，因此，唐代自建国以后就重视骑兵建设。马匹是建设骑兵的基础，有了马匹还要训练骑术和砍杀技术，而马球运动就是训练骑术和马上砍杀技术的最好手段。无论是参加打球，还是观看比赛，马球运动都使人精神振奋。

唐代马球之所以得到迅速发展，除了上述社会原因外，还有唐代上层社会的喜爱和重视。唐代最高统治者皇帝和王室贵族，大多都喜爱马球活动。"上有好者下必有甚焉"，这是社会现象的一条规律。唐人封演所写的《封氏闻见记》中记载了唐玄宗24岁时参加的一次与吐蕃的马球赛。表现突出，为唐王朝第一次外交球赛赢得胜利。

唐中宗景龙三年，吐蕃赞普派遣他的大臣尚赞咄来迎接公主，因为知道唐中宗李显最爱看马球赛，便带来一支10人马球队。吐蕃是游牧民族，马匹骏壮，骑术精良，马球技术也很精湛。唐中宗派遣皇宫内园马球队和神策君马球队与之比赛，两战都输了。唐中宗十分恼火。这时，唐玄宗还是临淄王，他和嗣虢王李邕、驸马杨慎交、武廷秀组成了一支4人贵族马球队，与吐蕃10人马球队比赛。开赛后，唐玄宗往来奔驰如风驰电掣，挥动球杖，连连射门。贵族队大获全胜。球赛后，吐蕃大臣尚赞咄连连称赞说：想不到王爷还有这么好的球技！

唐玄宗一直到老都喜欢打球，天宝六年，他已62岁，还想参加比赛。他活了77岁，是唐代皇帝中寿命最长的一个，在整个封建社会皇帝中也算长寿的了，恐怕这同他一生喜爱打马球不无关系。

唐代文人当然没有武将的马球技艺高，在文人中也不会像军中马球或在神策军皇帝警卫部队开展马球那么普遍，但唐代文人中也有不少人是会打球的，进士科是唐代文人最光荣的出身。有"三十老明经，五十少进士"之说。文人都希望由进士走入仕途，而进士科及第后有三大盛会，即慈恩塔题目、曲江游乐宴和月灯阁下打马球。这是文人夺得鳌头后最得意的活动，如不会打球岂不使盛会扫兴。因此，唐代文人由文入武，当了节度使的不乏其人。如诗人李绅、高适、张建树，都由文入武当了节度使。

当了节度使就要训练兵将,就要会打球。文人入武首先要学会打马球场,这就促进了文人中的马球运动开展。

唐代有的文人,马球技艺很精湛。还能战胜神策军中的老手呢!有这样一段故事:晚唐僖宗乾符四年,新进士集会月灯阁下准备打球,场外已围了几千观众。突然有几个神策手闯进球场,手拿球杖,策马奔驰。其用意很明显,就是要同新进士较量一番。晚唐时期,朝廷大权完全掌握在宦官之手。而左右神策军就是宦官手中的两把刀子,虽然这次无理取闹,新进士也不敢公然得罪他们,但这天盛会,是新进士出头露面的大喜日子,如果在几千观众面前输了球,是很丢脸的。正在这为难之时,有一个进士叫刘覃的挺身而出。"让我去教训他们!"说完跨马执杖驰进球场,向在场的几个神策手拱手道:"新进士刘覃,特来奉陪练球!"这几个神策手见有人应战,便拿出球子与刘覃比赛,谁知只驰驱几个回合,球子便被刘覃夺得,他只有一个人,无法传球,便在马上连击几次之后,一个大打,把球打向空中,球飞出球场不知落在何方。这几个神策手想不到一个文人竟然有这么高超的技艺,有这么大击球的力量。一个个目瞪口呆,垂头丧气,在几名观众嗤笑声中,面红耳赤地离开了球场。

唐代的月灯阁球会,在体育史上有名,一场马球赛动辄上千人,这在我国体育史上不多见。陕西西安大雁塔东、沪河以西的月灯阁村(今属雁塔区等驾坡乡月灯阁村)是唐代月灯阁遗址。1000多年前的月灯阁,地处长安游览中心曲江池东岸,在那"曲江初碧草初青,万毂千蹄匝岸行"的春游季节,月灯阁曾是"归时不省花间醉,绮陌香车似水流"的游览胜地。

球场巧除昏君

在世界体育史有一起罕见的球场锄奸事件,这个事件虽并没有像罗马帝国角斗士斯巴达克斯那样,摧毁帝国统治,但事件中的英雄,敢于利用体育运动这一有力武器,杀死被尊称为天子的偶像,这种反抗精神还是值得称赞的。

我们知道唐代盛行马球运动。唐代的官僚贵族,也多是以打球为乐。唐中宗的驸马杨慎交、武延秀,在家中修建私人球场,为了使马跑后不起尘土,在1000步的球场上,用泥和油建筑。唐代马球技术的提高,除了军队中有一批骨干外,在皇家园内也有一批全国各地挑选来的马球运动专业人员(唐代称"打球供奉")。一般来说,他们技术高超。据记载,当时河北镇有个姓夏的人,骑术精良,武艺超群,能拉开几百斤的弓,他曾在马球场上做过一次飞马打球的表演。在球场地面上累起十几个铜钱,他飞马奔驰,用手中的球杖击钱,一次只击一枚,而且这一枚铜钱只飞出七丈远,十几枚铜钱个个如此。击钱的准确程度达到神奇的地步。如果用这种本事射门,当然是百发百中了。"打球供奉"虽然有很高技术,但在皇帝眼里,只不过是一种娱乐玩具而已。他们的生命和生活,都得不到保障。

唐敬宗李湛是一个喜怒无常,以别人的伤残为欢乐的残暴君主。常常叫打球供奉半夜赛球。11月的一个夜晚,北风呼啸,夜黑如墨。突然传来李湛圣旨,马球供奉苏佐明等到三殿前见驾。众供奉纷纷议论,如此黑夜,还能打球吗?待等苏佐明等人到三殿时,球场上一片辉煌,马球场四周燃起了几百支手臂粗的巨烛,小皇帝李湛还在殿上和刘克明、王守澄等幕僚饮酒。见打球供奉到来,李湛立即跳下殿来跨上那匹玉龙驹,亲自去参加打球了。苏佐明低声向另一位打球供奉石定宽说:"你参加他的队中,少跑动,让我与他周旋。"开球之后,众供奉都小心翼翼,紧勒马头。李湛见此更为开心,他纵马风驰,纵横奔跑,并大声喊:"你们这些怕死鬼,连拦击一下也不敢吗?打的不好,我就杀你们的头。"苏佐明策马向前虚作阻挡,实际上还是让他得手射门,打进两球后,李湛更为得意了,他胡挥乱舞,一球杖竟打在苏佐明铁青马身上,黑暗之中,苏佐明猝不防被惊马带入球门栏中,碰断了左腿。苏佐明受伤后,李湛仍不肯住手,直到打满了一"都"才过了球瘾,扔下球杖跳下坐骑,回到殿上大声说:"你们看怎么样,朕的球技够格打'供奉'了吧?"

待到苏佐明在太医院醒来时已是第二天早晨,太医为了接他折断的腿骨用了麻沸汤。苏佐明曾说左腿是火辣辣的疼痛,但心里还安静。昨天一切平安无事。不久苏佐明的腿伤痊愈,但心灵的创伤却难以愈合。

李湛依然是看歌舞、打马球、捉狐狸,而且对王守澄愈来愈亲近了,因为他能体会意图,百依百顺。刘克明眼看自己的势力日益缩小,他不甘心于自己的失败,于是在十月召开了心腹会议。苏佐明、石定宽都被召见参加。会上密谋出杀死昏君的行动计划。苏佐明心里明白,利用马球场事故杀死唐敬宗,是最方便的了,就像杀死一条牲畜那么容易。

11月中旬的一天,李湛打完狐狸先回宫来了,王守澄等内监还在郊外未回宫,李湛忽然心血来潮,把打球供奉从睡梦中唤醒过来,要他们打球作乐,这时已半夜,人困马乏,无人准备,又是夜半昏黑,更容易发生危险事故,而李湛一意孤行,毫不听人劝说,为了满足其残暴的本性,非要人伤马残不可。在忍无可忍情况下,打球供奉苏佐明、石定宽、王嘉宪等人联合起来,决意杀死昏君。刘克明的心腹田务程把一匕首交给石定宽说:用这个家伙干掉昏君。石定宽笑着说:"用不着那个,我们打球将爱使自己的武器。"他举了举手中的球杖。

李湛醉眼朦胧地起身上厕所,领路内侍手中的烛灭了,苏佐明双手抱住李湛,石定宽用手中球杖猛击李湛后脑,就这么一点声息也没有就完成了大事。刘克明立即关闭宫门，宣翰林学士起草遗诏，由李悟续任为皇帝。然而刘克明专权心太狠，激起左右神策军和朝臣反对，刘克明的宫廷政变失败。

刘克明失败后，王守澄派人打扫宫殿，在宫殿中找到了苏、石两人尸首，手中还紧紧握着球杖。

娇娥马球

自教宫娥学打毬，
玉鞍初跨柳腰柔。
上棚知是官家认，
遍遍长赢第一筹。

这首诗是五代后蜀后主孟昶的妃子"花蕊夫人"所作的一首描写妇女打马球的诗。她姓费，青城人，作有宫词百首。公元965年，后蜀主于宋，宋太祖赵匡胤命她作诗，她曾写了一首千载传诵的名作："君王城上树降旗，妾在深宫那得知？十四万人齐解甲，更无一个是男儿。"

从上面这首诗看来，可以知道花蕊夫人，不但是个马球高手，而且还是位教练。诗中描述她教蜀国宫中的宫女打马球，那些宫女刚学会了骑马和打马球，坐在马鞍上，她们的杨柳细腰有点摇摆。当时花蕊夫人也参加比赛，她球艺高超，首开纪录，把球儿打入龙门，经裁判认可，记她得分，而且要走到皇帝的参观席上去敬礼。

这首诗可以证明，在1000多年前，中国已有了女子马球运动。马球，在中国古代的史籍上叫"击鞠"、击球或打球，即骑在马上用曲柄球棒打球体。《宋史·礼志》上说：打球是一种军中的礼节，每年三月，在大明殿举行赛球典礼，皇帝乘马到球场，臣下迎接，依次上马，皇帝击球，教坊作出奏鼓，皇帝打进第一个球后，才叫诸臣开始比赛。马球起源于汉代，但女子马球盛行于唐代。不过女子马球在五代以前就有。有几件历史文物可以证明：一是解放后我国曾发现一面唐代的铜镜，镜的背面有四个妇女骑在马上打球，姿态雄健。二是解放前曾有一具打马球的女俑出土。此女俑是打马球的姿势，她侧身俯击，式微向后。三是在英国伦敦不列颠馆也有一具女俑打马球图。四是在辽宁省博物馆藏着一幅《击鞠图》，表现的是女子打马球的激烈比赛场面。

在唐代盛行打马球风气的影响下，一种名为《驴鞠》的骑驴打球活动也应运而生。驴，体型小，跑得也慢，所以骑驴打球深受妇女们喜爱。于是，驴鞠成为一种唐代的女子体育运动，这在世界上是独一无二的。在唐代马球盛行时，不仅男子参加，女子也参加。唐诗人王建的宫词中说："新调白马怕鞭声，隔门催进打毬名。"就是指皇帝内宫在打球。唐剑南节度使郭英义就很喜欢观赏女子驴鞠，不惜每天花钱数万，将小小的毛驴打扮得富丽堂皇，女骑手们一个个花枝招展。这种驴鞠在宋代依然存在，被称为"小打"，以区别于骑马打球的"大打"。

作为军事训练的马球，在南宋就逐渐衰落，但作为娱乐活动的女子马球，在皇宫中却一直继续。宋哲宗时进士王硅，宋徽宗赵佶，南宋宁宗的杨皇后，在他们写的宫词中都有关于女子打马球的诗。孟之老在《东京梦华灵》中，描写宫中打球的情景："人人乘骑精熟，驰骤如神，雅态轻盈，妍姿绰约，人间但见其图画矣。"可见，当时女子马球从马技、场地、用具、衣饰都是十分讲究的。南宋诗人陆游在回忆自己军中生活的诗写道："洮州骏马金络头，梁州毬场日打球。""打毬筑场一千步，阅马列厩三万足。"可见当时打马球场面的壮观，也说明马匹和服饰相当考究。

马球比赛分单、双球门两种比赛方法，单球门是在一个木板墙下部开一尺大小的小洞，洞后结有网囊，以击场入囊多少为决定胜负。由于球门很小，击球入门需要很高超的技术。打双门球的赛法与现代马球相似,以击过对方球门为胜。马球比赛有一种撼人心弦的魅力,在一片平坦如砥的球场上,彩旗招展,战鼓声声,马蹄疾如雨,骑手们身着锦衣,飒爽英姿,手持球杖,忽而俯身仰击,忽而旁敲侧打,在马上翻上翻下,往来如风,时而像回旋冲腾的激流,时而像席卷大地的暴雨,追逐着那个在场上忽左忽右,疾如闪电,用硬木制成的如拳头大小的红色小球。呼叫声、马嘶声、鼓号声、喝彩声,混成一片,令人惊心动魄。特别是女子马球比赛更有一番韵味。宫娥娇女们在比赛中所展现出的婀娜多姿的动作以及青春活力给人以美的享受。

马球比赛中所用之马匹几经多次挑选,常选自波斯伊朗高原一带马匹,奔驰疾迅,身高体健,耐力极好。马匹马尾必须挽扎。这一习惯在马球运动中被完好继承下来。马球分白漆马球和红漆马球。球杆上直下弯。"鞠杖,杖长数尺,其端如偃月"。这里的偃月,与唐诗中"初月"相同。

西班牙骑术学校

每当贵宾访问奥地利时,主人往往请客人去参加奥地利人引以为自豪的"西班牙骑术学校"。

1572年,在奥地利文献档案中第一次出现"西班牙骑术养马场"的记载,"西班牙骑术"由此得名。1580年,奥地利卡尔大公从西班牙引进优良的种马,建立了"利比察种马场",并将其中最佳牡马送往维也纳,称之为利比察马。1763年奥地利国王卡尔六世在维也纳王宫里建造了现存的"西班牙骑术学校"。长方形的表演场兼训练场规模宏伟,富丽堂皇,四周设有观众席。

利比察马为深色,经过几百年的人工选育,大多已全身洁白。这些马都是当时6匹牡马和14匹牝马的后代。它们在入宫前先在施蒂里亚州养马场生活和受训，每年从中只挑选一匹洁白无瑕的最佳牡马送到"西班牙骑术学校"进行专门训练。这里每匹马都有名字和档案，世系家谱一目了然，学校还为成绩卓著者树碑立传，参观者可以看到刻在墙上的历代名马的功绩。

骑术学校的骑术表演精彩之至。上场的所有牡马高矮、形态极为相似，个个膘肥体壮，洁白的毛上泛着亮光，均备着金黄色的马鞍。骑士（即驯马人）身着棕色大礼服，象牙色的麂皮马裤，脚蹬黑马靴，头戴尖角帽，英姿威武地骑在马上。表演开始时，它们秩序井然地列队入场，先向卡尔六世的画像致敬，然后各就各位，在优美悦耳的圆舞曲中，这些马好像通晓音律似的按照节拍翩翩起舞。其中最精彩的是"西班牙舞姿"：群马抬起前腿，用后蹄旋转、前行、后退和侧走。它们像一批造诣很深的舞蹈家，舞步整齐而自然，和谐而娴熟，这时总是得到热烈的掌声。

"西班牙骑术学校"是奥地利重大历史事件的见证者。过去，凡王室人员婚嫁、王宫娱乐或重大庆典，总有利比察马演出助兴。1815年欧洲反法同盟诸国打败拿破仑后，在维也纳召开国际会议时，也曾观看利比察马的表演。第一次世界大战后，这些马险遭瓜分。第二次世界大战中，它们流亡他乡，战后才重返故里。

现在，"西班牙骑术学校"在国内外颇有名声，各国旅游者多慕名而至。门票往往在一个月前就订购一空。

奥地利人民视利比察马为国宝。这些马从马厩到表演场，每天两次穿越城内拥挤的交通要道，届时，车辆和行人都自动让路，人们用自豪的眼光目送这整齐行列的利比察马缓缓通过。

奥地利骑术学校是欧洲16世纪成立最早的训练学校，对18世纪后世界马术运动发展具有重要影响，特别是对竞技马术的发展影响极大。竞技马术作为马术高级形式，成为世界性比赛项目。其中包括盛装舞步赛、超越障碍赛、三日赛、驾车赛、越野赛等等。

马术是为世界各地人民共同喜爱的一项体育活动。在很长一段时间内,马作为人类的忠实伴侣,在军事、生产和生活中担当了非常重要角色。马术运动可谓历史悠久,种类繁多。

国外马术运动也源远流长,在希腊时期就有关于赛马记录,古罗马人以赛马为乐。16世纪时,欧洲开始出现现代马术。

在现代经济发达的欧美诸国,骑马是人民大众的娱乐和竞技活动,如德国鲁尔地区就有数十万矿工是马术俱乐部的成员。日本每个县都有赛马场,大学生有马术课,当然其中也包括赌博赛马,在人口5600万的英国,懂骑术者逾200万,马术学校300多个,马术俱乐部500多个。

短笛牧童与"骑术学校"

乡土气味浓郁的"牧童骑术"——骑牛、骑野马、捆小牛、套小牛和摔小牛等运动在美国已同掷马蹄铁、棒球一样被誉为国粹级竞技运动。在美国民众心目中,"牧童骑术"是一项最能生动反映美国早期历史风貌和美国人民开拓精神的竞技运动。

"牧童骑术"的主要特征表现在"骑"字上。如骑牛,骑者要两腿叉开,不可夹牛背,野牛狂蹦乱跳时,骑者只能用一手抓住连结牛胸上箍带的绳子,另一手臂高举,只要坚持8秒钟就算成功。千万别小看这8秒钟,一般人往往连三四秒钟都受不了。世界最佳骑士唐尼·盖伊曾形容自己在牛背上坚持了8秒钟的情景——"犹如经历了一次绞柠檬汁震荡和旋转"。可见,这是一项何等艰难、危险的运动啊!

骑野马也饶有风趣。通常有两种竞赛形式——骑无鞍野马和骑有鞍野马。骑无鞍马的竞赛方法与骑野牛大致相同,也要求骑者在马背上坚持8

秒钟，而骑有鞍野马则要求坚持10秒钟，为了增大竞赛难度，要求骑者不停地用马刺刺激野马，使其狂跳。马每跳一次，骑者的两腿必须前伸一次，且应两脚超越马的两条前腿。

捆小牛、摔小牛竞赛更富有乡土味。捆小牛时，竞技者先骑在马背上，待小牛放出后，骑马穷追，将靠近小牛时，先用绳索套住小牛，然后下马将小牛的四只足牢牢捆住。摔小牛竞赛方式的前半部与捆小牛完全相同，区别在于后半部，即竞技者骑马追上小牛时，从马背上翻身紧紧揪住小牛的两只角，奋力将其摔倒。这两项竞赛都以时间短者为胜。

此外，集体捆小牛骑马绕桶赛、挤野牛奶赛和赛野马等"牧童骑术"项目也别具风味。

作为美国国粹级竞技运动的"牧童骑术"产生于19世纪中叶。最早在美国西南部，以牧场为家。与牛马相伴的牛仔们必须掌握骑马、骑牛、捆牛和套牛等技能。随着时间的推移，几经演变，这些技能则成为人们喜爱的竞技运动了，且至今不衰。

美国的新墨西哥州、得克萨斯州和俄克拉何马州等地常举办"牧童骑术"表演和比赛，其场面之大、气氛之热烈、竞争之激烈令临场的国内外观众咋舌！

倘若你有机会到那里游览观光，那么请勿错过观赏"牧童骑术"的好机会，以一饱眼福。同"牧童骑术"相同的，美国现代兴起骑术学校，它也是由民间兴起的专门性的体育教育活动，同样独具特色，它是通过体育手段进行品德教育的一种有效方法，很受国民欢迎。这种骑术学校的创建人是一位叫卡洛斯·福斯特的人，他出生于古巴。

卡洛斯·福斯特有一个强烈的愿望：改变纽约城里那些浪荡年轻人的生活，使他们远离吸毒、暴力和犯罪，安心在学校学习。为此，他想出了一种很特殊的方法：在纽约的布朗科斯建立了一个骑术学校，希望通过骑马使学生们树立起新的生活观念，扬起生命的风帆。

当福斯特发现他的一个孩子染上吸毒的毛病时，心里非常难过。这个孩子抛弃了古巴的传统价值观念，一味地追求"时髦"的生活，已经丧失了自尊心。于是，福斯特开始教他骑马——希望以此来帮助他找回已丧失的自我价值观念。福斯特发现，当这个孩子学会驾驭马以后，便产生了一种彻底改变旧生活的自信心。这使福斯特很受鼓舞和启发，他觉得这种方法对于改变纽约城里一些年轻人的浪荡生活很有用。现在，他已把这些价值观念灌输给骑术学校的其他学生。

他常对学生们说，从生活中学到的任何东西都会派上用场的。学习骑马、养马、驯服马给这些城里的年轻人一种乡村生活的体验，笔挺地坐在高高的马鞍上使学生们对自己有了一种全新感受。当他们能够熟练地骑马时，可以参加由福斯特组织的地方骑术竞技表演。通过骑术学校生活，学生们学到了人生最重要的教训：每一次摔倒了都要再爬起来。福斯特深有感触地说："这些年轻人精力旺盛，充满了野性，但这种精力往往是消极的，我们应当设法把它们转变过来。"

现在，福斯特是他所在社区很有影响的人物，他的工作受到了人们的高度赞赏，他本人曾多次受到奖励。最近，一个组织授予他"灵魂铸造者"的荣誉称号，以鼓励他在少年儿童发展方面的创造性工作。

风火五洲行的保龄球运动

在世界体育史上，有一个体育娱乐项目，屡遭禁止，但禁令却总是阻挡不住它的迅猛发展，至今已成为奥运会正式比赛项目，这个项目就是保龄球运动。

保龄球的发展史可以追溯到更远的年代，相传古时候某些部落中，常把被征服的头盖骨做球，腿骨作为目标，进行投掷，以此取乐。在公元前5200多年的埃及古墓里，曾发现过9块成形石头和石球。考古学者还发现古彼里尼亚人的投掷游戏也用石头作球和目标，更有趣的是，当时球与目标距离为60尺，它和今天的保龄球道长度相差无几。

保龄球，起初叫九柱戏，又称地滚球。在4世纪前起源于德国和荷兰。当初是一种宗教仪式活动，通常在教堂的门厅或走廊里，竖着柱子表示邪恶，球代表正义。教徒们以球击柱，希望击倒邪恶，伸张正义，求得幸运。到了13世纪，英国人开始在草坪上玩保龄球。那时候的目标，只有一个木桩或一锥体。到了14世纪，目标由一个柱子增加到9个柱子。当时英皇爱德华三世，唯恐此项活动，影响阻碍射箭活动的发展，于是他签发了禁令。此后相当长时间，保龄球只在地下私人酒吧中流行。

16世纪，荷兰移民将九柱球戏带到美国，由于它的娱乐性和抗争性、趣味性，很快被美国人所接受，并逐渐由户外转到室内。到了19世纪，九柱戏又因涉嫌赌博而被取缔。后来有些人精心安排，将九柱，增加一柱，又把菱形排列改变成三角形排列，从而巧妙地躲避了禁令，使之延存下来。到了19世纪中叶，这项运动有了很大发展，十柱球游戏被破天荒的改称为保龄球。此后保龄球蒸蒸日上，并跻身于大雅之堂，随后在世界五大洲各地流行。那时，保龄球活动规则不完善，球的目标和大小各不相同，球道的距离也因球室长度不一而有差异，因而阻碍了保龄球运动的交流和发展。1875年，美国纽约有个保龄球协会，由9个保龄球俱乐部的27名代表组成。虽然这是个短命组织但却在保龄球发展史上做出有益贡献，这个协会规定了保龄球球道长度和保龄球柱子大小规格。从此，形形色色的保龄球被统一了，直到今日。保龄球球道长19.15米，宽1.066米；且走道长4.27米，宽1.066米；球的直径8.59寸，圆周不得大于27寸。球的质料是用塑料、胶木、树脂等高分子材料构成；木瓶高度15寸，最大直径4.76寸，重量为46—58盎司。10个木瓶以等边三角形排成"魔三角"，是球员的投掷目标。

伟大的中华民族，具有光辉灿烂的文化和悠久的历史。但是，保龄球运动的开展却只有短短几年。其实，保龄球对我们并不陌生，在过去，我国江南农村早就流行一种游戏，牧童们把割来的草扎成小捆，竖在草坪上，画地为域以猜拳论先，用卵石击之，赢者得青草饲牛。在我国北方也还有一种游戏：将木块摆在一个固定区域内，然后在一定距离外用短木棒击打木块，以击倒木块多者为胜。这些游戏虽不是保龄球，但它也有近似保龄球运动之处。

1925年英法殖民主义者，分别在上海法国总会和天津的乡村俱乐部建造了第一个人工保龄球场，保龄球运动被称为"高级娱乐"，专供洋人和华人中富商和高官享用，平民百姓与此无缘。解放后，有些人对保龄球运动缺乏认识，认为是资产阶级娱乐方式，保龄球被再次打入冷宫，大多数球场都被拆除改作他用。

党的十一届三中全会后，在对外开放搞活经济的新形势下，上海锦江俱乐部建成了6条自动化设备保龄球场，成为全国首创。从此，几乎在所有大中城市都有自动化设备的保龄球球场，其中北京丽都饭店，保龄球场24条球道。1985年，原国家体委主办了第一届保龄球邀请赛。

为了尽快提高我国保龄球水平，国家体委于1985年5月在北京举办学习班，并邀请新加坡最佳教练陈玉书等四位先生执教。8月在珠海举行全国邀请赛，1986年7月在上海举办了第一届"鱼龙杯"邀请赛。我国的保龄球运动目前虽不能说普及，但可以说接近亚洲最强国水平。当然与世界先进国家相比尚有不小差距。目前美国保龄球协会会员1000万人，其中女子38%；在日本每年参加保龄球运动的有7500万人次，有140所大中学校将保龄球列为体育课程，大阪的福山保龄球场有144条球道，是世界最大的保龄球场之一。在日本流行这样一句话："从8岁玩到80岁。"

国际保龄球联合会于1952年宣告成立，总部在芬兰赫尔辛基。每四年举办一次世界大赛。

保龄球比赛时，每轮允许投两个球，如果第一球将木瓶全部击倒为"全中"，就不再投第二次球。但第十轮第一球全中时，应在同一条球道上

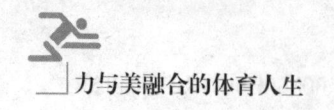

投完最后两个球。

如果第一球犯规，掉入沟内或将部分木瓶击倒，而第二球即使将木瓶全部击倒也是"补中"，按规定，奖下一球得分。如果下一球是犯规或掉入沟内就是零分，下一球击倒几个木瓶就得几分。目前，我国选手最高得分254分（满分300分）。

"采菊东篱下"的槌球运动

草地上最好玩的是槌球游戏，
参加者是你和我。
就因为它不粗鲁不俗气，
就因为喜欢它出自心底。

这是英国1862年《笨拙》杂志发表的一首有关槌球运动的诗。当时在这一年还发表了小说《爱林顿小屋》，以槌球规则争执为题材，描写了当时青年男女心灵上的冲突。文学艺术是反映现实社会生活的一面镜子。从文艺中我们可以看到英国在19世纪中叶是十分盛行槌球运动的。当时，英国社会主要报刊几乎都登载宣传槌球运动好处的文章。有一家杂志发表文章写道："槌球基本上是一项全社会的运动，它使人们充满幽默、睿智和友谊。在打槌球时，老爷爷忘掉了他们的痛病，年轻人忘掉了账单，老婆婆在草地上轻轻追逐着'敌人'。在打槌球时，年轻人的责任和享受得到充分结合。他们面颊上绽开健康花朵，眼睛闪闪发光，复原的生命随着每个脚步跳动"。另外还有的杂志赞扬槌球运动说：槌球是高度文明的娱乐活动，在槌球运动中，全家人都可以扮演与家中一样角色，并在愉快角色交往中增进亲情。在家庭娱乐和户外消遣中，槌球是城郊别墅及庭院里首选运动。

槌球起源于中世纪用棒击球的游戏。1717年，巴黎出版一本图解手册，详细介绍了这种游戏"jen, de, mail"。在这种成年男子参加的游戏里，所用器材有木球、弓形铁门和木槌。这种在草地上玩的游戏，在英格兰称为铁圈球。第一次把槌球从爱尔兰带入英格兰的人是朗斯代尔公爵，当时是1868年。后来由勇于开拓的游戏用品制造商约翰·雅克斯使大众对这种游戏产生了兴趣。他规范了槌球器材，出版了《槌球游戏指南》手册，他还发明了一种室内槌球运动。1865年，刘易斯·卡洛尔在爱丽丝和赫兹女王相遇的仙境建造槌球场，对这项新兴的娱乐消闲运动的推广做出了贡献。

槌球运动一出现就受到人们的欢迎，1867年雅克斯已售出65000册槌球说明，但是槌球运动发展受到了一些阻碍和限制。这主要是槌球的比赛规则不统一。槌球因缺乏规则而限制了自身在社会中的作用。由于不同地方规则不同，而引起的争执将破坏邻里的和睦，即使是上流人地区或私人公园里的比赛，也因没有公认的权威规则而引起"令人不快的争论"。这种情形就如同不可能让有各自规则的足球队和橄榄球队在一起比赛一样。没有统一的规则，就不可能有真正竞赛，而竞争性是竞技运动的头等要求。一家杂志《运动场》发表文章指出：在城市工业化时代，那些长时间在办公室坐着工作的人们，需要充满活力的锻炼，在传统观念上，属于瞎胡闹和无规则的娱乐"玩儿"已再无意义，取而代之的应是像工作一样，有组织、有规则和有纪律的"科学娱乐"。1866年，在《运动场》杂志编辑倡导下，成立一个专门委员会，确立槌球的正式规则。这个独立的规则成为全英格兰槌球俱乐部规则的基础，并结束了长期以来为争得家庭户外娱乐新市场的垄断权而在商人们中间的争论。

槌球运动在英国迅速发展，是有其历史原因的，也同槌球运动的一些特色有关系。当时英国资本主义正处在上升阶段，少数的绅士、中产阶级也成为有经济实力的阶层,他们向往的是城外有一套自己的邸宅,而不是城市住宅。崇英派人士把英格兰和"乡村住宅"称赞为"令所有路人羡慕,是英国人的光荣和骄傲"。道德学家也认为,由妻子或母亲主持的"郊外"住所,是培养孩子和家庭保持联系的理想地点。因为它可以提供城市的繁华和乡村的宁静。在当时,任何有名的住宅都不能忽略其庭院。在房址选择时,装饰草坪占中心地位,用林荫和弯曲小道把私人住宅隐蔽起来,而用宽阔的草皮壕沟来保证家庭不受外界干扰的做法,是和那些与自然和睦相处的自耕农思想一致。乡村的庭院正是进行槌球运动的好场所。"无论什么东西,只要可以使我们更强烈喜欢农村,吸引我们接近大自然,使自然的魅力吸引住我们劳累的双眼、大脑和心脏,它就将赢得身居闹市的英国人的一致欢迎。"这段话是《银河》杂志上文章所说的话,它正说明了,为什么槌球运动在英国(19世纪中叶)受到人们普遍欢迎的原因。

国际象棋先祖——四色棋

国际象棋是一项斗智力、比战法、比意志并兼有科学和艺术特点的文化体育活动。近一二百年中,它在世界上逐渐普及,发展很快,现在加入"国际棋联"(国际象棋联合会)的国家已达120多个。

国际象棋约有2500年的历史。据说,古代有个人因为憎恨那些武士整天杀人放火,就发明了用棋子打仗的游戏,想把武士们的兴趣吸引到棋盘上来。虽然这是传说,但它反映了人们渴求和平生活的愿望。公元前,古印度流行着一种四色棋(即所谓的"恰图兰加")游戏,是四个人分别坐在棋盘的每个角上,把各自的八个棋子摆在面前,然后轮流走棋。因为盘上的四支军队，所以很容易造成两三家联合起来攻打一家的情形。到了公元四五世纪，有人对"恰图兰加"进行改革，把它改成两个人下棋，每方16个棋子，而且棋子分列两行摆在棋盘边上，由此产生了原始的国际象棋——"沙特兰兹"。

说到国际象棋起源，在西亚地区还流传这样一个故事：说是在很久很久以前，波斯有位国王老是愁眉苦脸，经常无缘无故的生气，太医们无不提心吊胆，生怕有一天国王会降罪于自己头上。后来经仔细打听才知道，原来国王对于华丽的宫殿，鲜美食品都感到厌倦，愁着日子不好打发。假如有一种游戏能够让他入迷就好了。

弄清了这个原因后，大臣们请示国王，决定在各国出榜招贤，并言明，如有人能进贡新鲜玩具，治好国王忧愁病，将给予最高奖励。消息传到印度，有位数学家带着摆有64个方格的木盘和32个刻成六种立体形状、分涂黑白两色的小玩具，去见波斯国王并向国王介绍了这种游戏方法。岂知国王很快就被这种游戏迷住了。一天到晚兴致勃勃地要那位数学家或者大臣陪他玩。

有一天，国王想起来，要奖赏这位进贡新玩具的人，于是就问他："你想要些什么呢？""我只要一些麦子，可要求按下列方法赏给"一点"小麦：在棋盘的第一个方格放一粒麦子，第二个方格放二粒，第三个方格放四粒。以此类推，每一个方格的粒数都是前一方格的平方，直到把棋盘的六十四个方格放满为止。"国王马上下令满足他的愿望。可还没放到第二十格，一袋小麦已经空了。经过计算，国王大吃一惊，因为即使拿来全印度的小麦，也满足不了要求。

原始的国际象棋，从印度流传到东南亚和阿拉伯各地。这些地方挖掘出土的文物中，就有上面谈到的"沙特兰兹"。我国两千年前汉墓出土的文物中，也发现有国际象棋的棋盘。在中世纪时代，印度和欧洲都有伊斯兰民族，于是"沙特兰兹"经地中海沿岸传播到欧洲各地。按照欧洲各民族的生活习惯，又逐渐形成了"王""王后""主教""骑兵""战车"和"步兵"等棋子名称，并慢慢地向现代国际象棋演化。

力与美融合的体育人生

在中世纪的欧洲，流传下来许多美好动人的爱情故事，其中有这样一个故事是同国际象棋有关的：那是在意大利的马罗斯蒂加，有两位年轻人同时爱上一位美丽的姑娘。看来，一场你死我活的决斗不可避免。但幸运的是，姑娘的父亲是一位国际象棋爱好者，而且是一个仁慈的人。他不忍心看着一个英俊的小伙子因决斗身亡，便想出了一个两全其美的办法。他让二人在棋盘上决一胜负，胜者将娶其女为妻。赢棋者果然如愿以偿，输棋者在悲伤中也表现出高贵的品质。这感动了姑娘的父亲，于是又把小女儿嫁给了输棋者。在棋盘上决定女子的终身也许会使现代人愤愤不平，但在中世纪用下棋与决斗相比，前者却是文明、人道的了。至今在马罗斯蒂加还定期举行纪念这次"决斗"的仪式。届时由人化装成棋子，站在广场上的黑白格中，听从两位棋手的命令而移动。其走法与普通的对局一样，但看上去五颜六色，更加精彩动人。

同围棋、中国象棋一样，国际象棋也能陶冶情操，锻炼逻辑思维，有益于身心健康。马克思和列宁都经常和战友下棋。列宁在流亡期间，自己刻过棋子，还和朋友通信下棋。列宁把国际象棋形象地比喻为"智慧的体操"。十月革命胜利后，列宁大力提倡在劳动人民中普及国际象棋活动，以抵制旧社会遗留下来的赌博、酗酒和流氓等不良习惯。他还亲自担任象棋协会名誉主席。列宁的提倡，对国际象棋在前苏联的开展，为前苏联选手后来保持世界冠军称号，都起了很大的作用。

下棋能锻炼人大脑的思维计算能力。一些数学的统计数字表明，从每一方来说，最初四步棋就有3180亿种走法。既然选择的余地这么大，那么，在下棋过程中开阔思路是无止境的。象棋大师们在考虑下几步棋将如何走时，神经高度紧张。国外医学专家们认为，象棋大师们在进行激烈比赛时，其能量消耗相当于拳击运动员在拳击场较量时所付出的能量。

由于国际象棋含有科学、艺术和竞技等因素，因而深受各国人民的喜爱。科学家富兰克林、门捷列夫、居里夫人和文学家列夫·托尔斯泰、屠格涅夫等都是棋迷。前世界冠军、国际棋联主席艾威也是个数学博士。俄国大诗人普希金在1832年的秋天给他妻子的信中曾经说,下棋是很愉快而有趣的,并希望他的妻子也能学会。另外,在普希金藏书中还发现了世界上第一本象棋杂志。

前德意志民主共和国(东德)有一个叫斯杰别克的小村庄,是个十分有名的"象棋村"。当地的少先队员都在衬衣上佩带象棋徽章,村头钟楼上悬挂着绘有象棋盘的风信旗,连村公所的图章上也刻着象棋图案。村中老人小孩都喜爱下棋。象棋还是该村学校中的一门课程,学生必须通过象棋理论和象棋实践的考试。

国际象棋棋子和棋盘的式样很多。在欧洲的一些地方,人们喜欢在路边下棋,棋盘画在地上,棋子是木雕的,重的一只就有好几斤。对弈时,由于棋盘大,棋子重,每走一步棋都要耗费执棋人一定的体力。古巴的"海滩象棋"更大,棋子是用沙滩上的卵石凿成的,每只有几十斤重,要用双手捧着才能移动。因此,下完一盘棋时,弈者已是精疲力尽了。

不久前,罗马尼亚造型艺术家杨·马夫特依用白桦制作一副迄今世界上最大、最奇特的国际象棋。每个棋子的重量为40公斤。全部棋子均根据罗马尼亚童话故事中的人物形象塑造,因此被视为珍品。而最小的国际象棋,它的六个棋子可以排列在一根火柴棍上。弈者必须使用镊子和放大镜来挪动棋子。这种微型象棋是为装饰一个玩具娃娃的家庭内部而设计制造的。

除了前面说到的在意大利马罗斯蒂加城有用人装扮成棋子的真人棋赛外,在西班牙首都马德里也有活人棋赛,棋子里的王、后、兵等由不同打扮的妇女担当。她们穿着中世纪的服饰,由裁判员指挥移动。据说,这是庆祝贞女节的一种传统活动。棋赛那天,百姓观者如堵,热闹非常。

法国为盲人制造了一种会说话的国际象棋,这种象棋受电子控制。两个盲人在一起下棋,每走一步,它都会像人一样讲给对方听。如果走错了步,它会马上纠正。最后,它能把结局高声地公布出来。南斯拉夫的工程师研制出一种电子国际象棋盘。据使用这种棋盘的人说,这种棋盘灵敏,装有记忆装置,可用作赛后的棋局分析。

1851年，伦敦圣乔治象棋俱乐部组织了有世界上第一流棋手参加的首次大型国际比赛，这次比赛由于没有时间限制的规定，出现了许多"马拉松"对局。英国棋手威廉斯还曾利用长时间思考这一"可怕的武器"，"战胜"了棋艺高于自己的同胞斯塔翁汤。事情是这样的：斯塔翁汤已经赢六盘，夺魁有望。这时他与威廉斯相遇了。威廉斯一再拖延时间，有一步棋甚至考虑了近3个小时之久，斯塔翁汤的神经支持不住了，干脆自己领先的情况下弃权，退出比赛，而输给了仅仅才赢了两盘的威廉斯。还有威廉斯对穆克洛夫的一盘棋，从早晨一直到深夜，当下到第63着时，双方都困得睡起来。等二人都睡足了爬起来再继续下。又过了4小时，穆克洛夫才最后认输。

1853年，匈牙利棋手列文塔尔和德国棋手霍尔维茨在伦敦举行对抗赛，这次比赛第一次实行时限规定，双方约定，每着棋不得超过10分钟。为此使用了沙漏计时器来计时，人们很快便发现，每着棋10分钟的规定太宽了。如果照这一规定，那么40回合的一局棋就可能持续13个小时之久。于是人们想出了另一种办法，即不规定每步棋的时间，而是规定在一定时间内必须走满一定着数。这样，棋手们就可灵活掌握时间，一些着数可以走得快一些，关键性着数可以适当多用些时间，而一局棋总共耗费的时间可以大大减少。这一办法从1861年开始使用。超时怎么办？罚款的办法曾沿用多年。直到1906年纽伦堡国际赛以后才不再采用。因为在那次比赛中，许多人宁愿超时罚款，仍要苦苦思索，想出最好的着法。几乎所有参加者都多次被处以罚款，以至于不得不宣布罚款一笔勾销。否则的话，他们就连回家的路费也没有了。

目前，几乎所有大规模国际象棋比赛中，都规定每人可用两个半小时走满40步棋，以后每一小时至少走16着。超时一律算输。在一盘棋下到5个小时之后，往往是封棋，定期定时续赛。这样的时间限制和超时判负，是总结了一百多年来的比赛经验拟定的。实践证明，这是比较适合的。

有趣的是，在国际象棋男子世界冠军史上，有两位冠军在一定程度上是靠干扰对方的思维取胜的。他们是德国的拉斯克和法国的阿辽欣。在对弈中，拉斯克常无缘无故地给对方一点小便宜，好让对方捉摸不透。接着便趁对方百思不解的时候，抽上质量极次的香烟，把烟雾喷到对方脸上，用破坏对方思维的手段置对方于死地。阿辽欣也有干扰对方的"妙招"。1935年，他的世界冠军称号被荷兰人夺走了。为了把冠军夺回来，他便四处打听到这位荷兰人的弱点——对猫叫特别敏感。因此在1937年夺回冠军的比赛中，他怀抱一只暹罗猫，还让身边的妻子穿上一件绣有猫图案的毛衣，面向对方而坐。在比赛过程中，他还长时间搅动盛咖啡的杯子，并大声地喝咖啡。他终于取胜了，自此以后，干扰对方心理战术的花样层出不穷。

国际象棋"棋王"知多少

要是把国际象棋称为科学游戏，未免言过其实。实际上，在世界各个角落无不给它冠以皇家游戏的芳名。从古至今，有关国际象棋留下不少有趣的传闻。

争夺荷马诞生地的唇枪舌剑至今未休，古往今来，有七座城池竞争做这位行吟诗人的摇篮地，而争夺国际象棋诞生地之激烈程度丝毫不逊于此。希腊人、罗马人、巴比伦人、埃及人、犹太人、波斯人、中国人、印度人、阿拉伯人、西班牙人、爱尔兰人、威尔士人……都称他们是国际象棋的祖先。在与"创始人"桂冠有缘的诸多人物中，有所罗门王、公元前486年登位的波斯国王杰吉斯和他的儿子阿塔点吉斯、著名的古希腊英雄帕拉梅德斯、希腊著名哲学家亚里士多德、意大利物理和几何学家阿基米德、巴比伦古国创建者塞米拉米斯、哥伦比亚帕尔米城女王泽诺比亚、公元前200年莫名其妙地死去的阿塔罗、受过"胯下之辱"的中国古代将领韩信、婆罗门武士西萨、波斯古天文学家沙特伦萨,还有锡兰(现斯里兰卡)拉潘皇帝的妻子。

"创始人"的桂冠可以随便戴在上述人物中任何一位头上,但国际象棋却不是可以"随便玩玩"的游戏。它是任何其他游戏都不能比拟的一种智力角逐。国际象棋玩起来并不难,5岁稚童即可摆阵。古巴国际象棋大师卡巴半卡7岁上学就学会了下棋。但要达到师尊之位,无恒心者休想攀此妙境,历史上的棋圣寥若晨星,原因就在这里。

国际象棋动一子有时要耗去10分钟,步数又多如牛毛,这难免令观众等得口干唇焦,不像足球赛或拳击那样激动人心。对于其中的韵味,只有局中人才能领会,局外人至多只能看出个"门道"而已。但一场"世界大赛"着实令人惊心动魄,1792年在冰岛雷克雅未克举行的国际象棋大赛,至今余波未息。

国际象棋的魅力恰恰在于,一方棋盘,一掬棋子,下棋者对阵时"真枪真刀"地干,待到决出胜负,眼前仍不过一方棋盘、一掬棋子,谁也没有输什么,赢什么。没有任何一种游戏似象棋这样令人神思迷离,也没有任何招路比移动小卒或假想中的王后更加绞尽脑汁。难怪有人说,国际象棋是两个人黑白相间的棋盘上调动各种符号所进行的一场战斗,而这场战斗又以数学解决而告终。也有人说,棋子落盘,虽不如"大珠小珠"那样动听,但也不啻为别有一番风味的音乐。

国际象棋——最难解的文明谜语之一。上百万次的比赛,仍未穷尽在64个方格中棋子所能走出的棋步。

在寻常人的眼里,那些能够登上国际象棋冠军宝座的人都是天才。他们不必为获得这一殊荣写论文,做惊人的假设。当他们不再是冠军时,他们留给后人的只有既像密码,又像古代楔形文字的棋谱。

国际男子象棋棋王一共有13人。天才们不仅是未来之光,也是他们自己时代的镜子。

斯坦内茨出生在布拉格的一个犹太家庭。斯坦内茨认为，在国际象棋比赛中可以运用逻辑学。这位身材不高、长着一脸蓬乱的大胡子、载入棋史的天才，总是击败那些按当时的话来说，随心所欲的所谓浪漫象棋的人，并用一生证明自己观点的无误。斯坦内茨自己也严格遵守他本人发明的规则。

斯坦内茨就读于维也纳工科学校，在伦敦他的名气最大，在纽约他当上冠军，最后赤贫如洗死于纽约的疯人院。

伊曼纽尔·拉斯克（1868—1941），世界冠军（1894—1921），创冠军年限历史最高纪录。

如果说斯坦内茨坚信国际象棋绝对受内在规律支配的话，那么，弗洛伊德和爱因斯坦时代的骄子拉斯克却认为，一步败棋在整个棋局中或许会变成好棋，而一步好棋也会变成一步败棋。拉斯克十分注意对手的心理状况，他自觉是个伟大的剧作家和杰出的哲学家。

何塞·劳尔·卡帕布兰卡（1888—1942），世界冠军（1921—1927）。

第三位棋王属于那种上帝授意要他下棋的人。这位生着橄榄色皮肤的美男子，是个身边拥满女人的花花公子。他身上的外套之高级，是他的古巴老乡所无法想象得到的。第一次世界大战后，卡帕（人们这样叫他）与世界一起休养生息。他与它迈着狐步共舞，享用汽车，渐渐习惯女人们穿配有衬的短裙。

卡帕出身于一个富有的种植园主家庭，四岁便开始学棋，观摩父亲与友人们的对弈。到卡帕称王时，他总共只输过八场职业比赛。他被人称为"象棋机器"、"上帝的宠儿"，而他本人对此亦深信不疑。

亚历山大·阿廖欣（1892—1946），世界冠军（1927—1935）、（1937—1946）。

阿廖欣是国际象棋冠军王国中命运最悲惨的一个。他夹在两部极权主义机器之间，最终被它们轧得粉碎。他父亲是沃罗涅日省的首席贵族，母亲是拥有"普罗维罗夫之山纺织公司"的普罗维罗夫家庭的直系继承人。父亲输掉一大笔钱后,他的家便被托管。母亲因酒精中毒医治无效死于巴登。

赢得棋王称号后,他致电斯大林,这在侨民中间引起了极大的愤怒。早在祖国时,阿廖欣便因与侨民的友谊受到诅咒。1939年,阿廖欣代表法国参加在南美举行的奥林匹克运动会。战争爆发后,为参加对德作战,阿廖欣返回巴黎,结果却成了德国人的合作者。他在德国比赛时,场场输给德国选手,更有甚者,他还发表中伤犹太棋手的文章。

二战结束后,国际象棋协会视阿廖欣为象棋界的污点,这无异于宣判了阿廖欣象棋生命的死刑。但很快,被放逐的棋王又接受博特温尼克的挑战。然而,重返棋坛已不可能。阿廖欣在里斯本近郊豪华疗养地的一家旅馆大厅自杀身亡。

即便如此,冠军们仍认为,在他们中间,阿廖欣名列榜首。

马克斯·尤伟(1901—1981),世界冠军(1935—1937)。

尤伟是冠军中唯一的数学家。与一般人的思维方式不同,他的思路都是数学式的,他也是国际棋联唯一冠军出身的主席。

身为一个普通教师之子,他自己也曾在一所女子中学教过很长一段时间的数学。就在尤伟赢得棋王称号的那个夜晚,天下着雨夹雪,他却连叫出租车的钱都没有。为了让阿廖欣答应下这盘棋,比赛的奖金事先都已给了阿廖欣。毫不夸张地说,这场比赛引起全荷兰人的关注。一直到死,尤伟都是最受祖国尊敬的人之一,并成为一位民族英雄。

米哈伊尔·博特温尼克(1911—1995),世界冠军(1948—1957)、(1958—1960)、(1960—1963)。

博特温尼克曾这样谈论自己:"按出身我是犹太人,就教育而言我是俄罗斯人,就世界观而言我是苏维埃人。"没人还记得多愁善感的博特温尼克,然而他把毕生的爱都献给了一位女子——他的妻子加雅纳,基洛夫剧院一位迷人的舞蹈演员。他还对他的学生卡斯帕罗夫非常关照。

但是，当卡斯帕罗夫不再接受老师的建议时，博特温尼克马上便不再与他往来，而且就此永无联系。博特温尼克认为"交易"和"象棋"是两个无法契合的词。大笔的奖金，在苏维埃政权时期，博特温尼克拿它们没有什么用，在第六位冠军看来，它们是有害的。对博特温尼克而言，苏联解体是一个悲剧。

在国际象棋界博特温尼克外号叫"长老"。不再参加比赛后，他曾编制国际象棋的电脑软件，并为此花费了1/4世纪的时间。20世纪80年代末，他曾断言，他的软件能挽救苏联经济。虽然说来不免荒唐，但直到生命的最后一刻，博特温尼克的威信仍丝毫不减当年。

瓦西里·斯梅斯洛夫（1921—2010），世界冠军（1957—1958）。

瓦西里·斯梅斯洛夫仅当过一年世界冠军。1957年春天他第三次挑战时，才从著有博士学位论文的博特温尼克手里夺得这一最高称号，而到1958春天，他就变成冠军了。作为国际象棋界出色的战术家，1970年左右他与卡斯帕罗夫进行的半决赛，使第七位冠军在棋史上被称为象棋寿星。瓦西里·斯梅斯洛夫至今仍确认自己的声乐才能被毁掉了。即使在国际象棋事业的鼎盛时期，斯梅斯洛夫仍为"飞利浦"灌制俄罗斯抒情歌曲的唱片，并对此像为自己的国际桂冠一样感到自豪。

斯梅斯洛夫也许并不具备真正的冠军性格，在他漫长的国际象棋生涯里，他从不找人算棋账，也从未向报界透露自己所忍受的屈辱。

米哈伊尔·塔尔（1936—1992），世界冠军（1960—1961）。

一如短暂的赫鲁晓夫解冻时期，同时代的塔尔的冠军事业也不长。塔尔夺冠那年仅23岁，这在当时是创纪录的。

只花了三年，塔尔便从一个鲜为人知的普通棋手一跃而为冠军和特级大师。他在一场令人头晕目眩的比赛中走了如此多的险棋，仿佛是蒙着双眼在钢丝上翻筋斗一般，塔尔像个60多岁的老顽童，他下棋的劲头，令任何一个剽悍的冰球手都望尘莫及。无论如何，他的专业水准仍然那么令人眼花缭乱。"由于失败、倒霉、命运的打击，我不再为原本应该实现而未

能实现的东西感到遗憾。我不过是喜欢下棋而已。"

梯格兰·彼得罗相（1929—1984），世界冠军（1963—1969）。

第九位冠军是个忠于家庭的人，他爱好集邮，嗜玩台球，还是斯巴达克体育协会足球、冰球的狂热球迷。

彼得罗相出生在第比利斯一个看门人的家里，很小便失去双亲成了孤儿。他先读书，又像父亲一样也做了看门人。犹如一个猜不破的谜，上帝不知为何偏偏长处。他的象棋天分不低于塔尔和费希尔（总体上看，他的成就远大于费希尔）；受第一位冠军的影响，第十三位冠军对政论文和出版个人作品产生狂热兴趣；从"长老"那儿他学会为每一局比赛做深刻的科学分析和严肃认真的赛前准备工作。综观卡斯帕罗夫各方面的才能，他一点不亚于拉斯克，跟第二位冠军一样，他也很看重决赛时的心理状况。他像斯帕斯基那样足智多谋，像彼得罗相那样狡猾，与卡尔波夫一样很少失误。除此之外，就是但愿他会与斯梅斯洛夫一样成为棋坛寿星。

"教子丹朱"的奥秘

围棋是一项两人对弈的智力型运动。棋盘由纵横各19道线交叉组成，由于产生361个交叉点，棋子就下在这些交叉点上。围棋分黑白两色各180枚，走子规则为执黑子一方先下子，执白一方继下一子，对弈双方轮流下子。每次限下一子，落子后就不能移动，每个棋子上下左右有以直线相连的为"气"，如果这些交叉点均被对方占领就没有"气"，即为对方所"吃"。围棋通常分布局、中盘和收官三个阶段。终局以对局双方将各自盘面以占空地或子数相加计算，多者为胜。

围棋是我国古代的文化遗产，已有三四千年历史了，据晋朝张华的《博物志》说："尧造围棋，以教子丹朱。或曰舜以子商均愚，故作围棋以教之"。如果从尧舜时算起，那就有4000年了。

不过，有文字可据的记载，要晚一些。最早的要算《论语》、《左传》和《孟子》，这三种先秦典籍，成书的确切年代不清楚，哪本在先也难辨明。

《论语》曰："不有博弈者乎？为之，犹贤乎已。"《左传》记载太叔文子谓宁喜曰："视君不如弈棋，弈者举棋不定，不胜其耦。"这两本书都只是提到了围棋，而《孟子》中却有一个完整的围棋故事。从这个故事里，我们可以知道，围棋在当时已经普及于民间。

文章是这样开始的："今夫弈之数，小数也，不专心致志，则不得也"。一开始就说下棋要专心致志，据此可见，在当时围棋已被人们所熟悉，否则，不会用来做比喻的。接着又说："弈秋，通国之善者也，"。这又使我们知道，当时已经有了国手了，这位叫"秋"的既是国手，又使我们可以联想到那时已经有比赛。

文章接着说："使弈秋诲二人弈"，这就更清楚地说到那时已经有教下棋的人和学下棋的人了。这篇文章的内容是讲两人同时学下棋，一个专心致志，一个一心想射大雁，结果便有了高低。作者最后感慨地说：是他的智力不及人吗？不是呵！

从这个故事里，可以看到，在春秋战国时代围棋已经十分兴旺。既然如此，那么，会不会有更早的记载呢？随着考古工作的发展，也许今后还会有新的发现。

围棋的别称"烂柯"。据南朝梁任昉《述异记》说晋进时候，信安郡有个叫王质的伐木人。有一天，他采樵进入石室山中，看见两个童子纹枰对坐边唱歌边下围棋，便在一旁观看。童子递了一个枣给王质吃，王便不觉饥饿，一局尚未下完，童子便对看得出神的王质道：你来此已久，为何不回去？王质回过头来取斧（柄）已全烂了。急忙返家，只有门前的石桥尚在，其余人事全非。因此，后人就称这座山为"烂柯山"，称围棋为"烂柯"，含有观棋局乐而忘返的意思。唐代诗人陈郊有诗云："樵客返归路，斧柯烂从风，惟余石桥在，犹自凌丹虹。"这是我国古代关于围棋的传说，它反映了围棋在我国古代文化中的地位。

说到最早的围棋论文，应当推东汉时班固的《弈旨》和马融的《围棋赋》。

兰台令班固是东汉有名的史学家、辞赋家，马融是班固的学生，有名的经学大师。

班固著的"弈旨"是以一连串的比喻来说明围棋。为什么这样做呢？因为那时懂得围棋的人反而不如战国时多了。"弈旨"是这样说的："或进而问曰：孔子称博弈，今博行于世，而弈独绝，博弈既宏，弈艺不述。问之论家，师不能说。其声可闻乎？曰：学不广博，无以应客……"学问不广博的人，已经不知道什么是围棋。班固是学问广博的，他要告诉人们，围棋是什么样子的，围棋中道理深奥，围棋中包罗万象，有天地，有神明，有王政，有霸道……

文章说："局必方正，象地则也；道必正直，神明德也；棋有白黑，阴阳分也；骈罗列布，效天文也；四象既陈，行之在人，盖王政也……"

马融的"围棋赋"写得具体，一开始就说："略观围棋，法于用兵，三尺之枰，为战斗场。"不仅指出了围棋是从打仗中生发出来的，而且说明围棋的下法。及至说到"拙者无功，贪者先亡，先据四道，保角依旁，缘边遮列，往往相望，离离马目，连连雁行……"就把下棋的意境和具体的下法，全都描绘得淋漓尽致了。

我国围棋高手云集，而以王积薪为第一。有一天王积薪夜宿于山中一位孤寡老人家中。这家人没有男子，有一个媳妇，因为男女有别，"积薪栖于檐下，夜间不眠"。忽闻室内对媳说："夜长睡不着，咱俩下盘围棋吧？"媳妇欣然从命。房中既没有灯，她不用棋盘棋子，怎么下法呢？一种好奇心促使王积薪附耳门扉偷听婆媳的对弈。原来婆媳只用口弈，而且每下一子都经周密计算,直到四更将尽,东方鱼肚白,总共走336着,婆婆说子已败,吾止胜九枰耳!"王积薪因是国手,都把每步棋记在心中,后经讨教整理,局名叫"邓艾开局势!"

说到棋谱,古代的弈秋,汉代的班固,马融都没有给我们留下棋谱。最早的要算《忘忧清乐集》上的"孙策诏吕范弈棋局面"了。不过这一棋谱是真是伪,目前尚有争议。

孙策是孙权的哥哥,吕范是他手下谋士,他们两人都是会下棋的。不过,凭这一点还不能断定《忘忧清乐集》上的谱便是他们两人下的。怀疑的理由是:当时的棋局应该是17道的,可是《忘忧清乐集》上的棋谱却是19道。根据传统的说法,19道的棋局要到两晋、南北朝时才定型,至今在墓可发掘出来的19道棋局最早于隋代。

话说回来,这一棋谱,即使是后人伪托,至少也有800多年了,因为《忘忧清乐集》是宋朝的版本,这是经过考证了的。因而说"孙策诏吕范弈棋局面"是现存最早的棋谱是不错的,只是它的年代,有两种不同意见。

当然,也有人说这是真的。因为汉朝末年,三国时期确实已经记载棋谱了。杜牧的诗中提到"一灯明暗覆吴图"。《棋经》(敦煌石室古写本)中也说"吴图"和"汉图"。

我国围棋,自古至今,绵延不断,同时国外也有不少留学者,新罗有位叫朴球的,在唐朝留居长安多年,围棋水平甚高,当上了棋待诏,与诗人张乔结为好友,后来他回朝鲜时,张乔赠诗一首:

海东谁敌手,归去道应孤。
阙下传新势,船中覆旧图。
穷荒回日月,积水载寰区。
故国多年别,桑田复何在。

力与美融合的体育人生

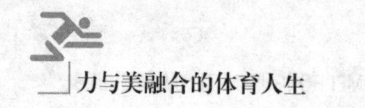

唐代日本人来留学者甚多，据说在唐玄宗时，日本吉备真备与中国高手玄东斗棋。在两人角逐时，朝廷许多大臣观看。后吉备真备将我国围棋带到日本，积极提倡推广，在日本广泛传开。

"手谈"黑白风云

围棋在我国有悠久的历史，春秋战国时就有关于围棋的记载。秦始皇焚烧典籍，围棋几乎失传，秦汉时围棋又逐渐兴起。《汉书》的作者班固曾写过一篇专门谈围棋的文章《弈旨》，河北等地出土文物：汉代的石制棋盘。汉代围棋手已开始分级，围棋手分上、中、下三等。南北朝时棋手按技术分为九品，和现代日本围棋有九段是一样的。在《艺经》上也说："围棋之品有九。"梁武帝好弈，使恽品定棋谱，登格者278人，第其优劣。棋品优劣是经专人评定的。仅南朝梁武帝一个朝代就近三百人入品，还将"善围棋之无比者"称之为"棋圣"。

唐初设置文学馆，馆内有专门的围棋博士。唐玄宗时改置翰林待诏。皇帝还亲自抓围棋比赛，建立棋手等级制。

唐代已有了围棋国际比赛。"大中二年，日本国王子善围棋，上敕顾师言待诏为对手，至三十三下，王子瞪目缩臂，已伏不胜"。

我国古代围棋是不计时的。诗人杜甫是一位棋迷，他还生动地塑造一位棋迷形象，说的是一个棋迷，每当有人到他家中，必邀请与他对弈，走棋时，左右手并用，饮酒时，一手握杯，一手走棋，眼睛不离棋盘。看过《三国演义》的人都知道：关公是个棋迷，华佗为关公刮骨疗毒，悉悉有声。"帐上帐下见者，皆掩面失色。"而关公却与马良依然若无其事地下围

棋，全神贯注于棋局之中，"故全无痛苦之色"。古人范西周屏和施襄夏弈棋。有次，施敛眉沉思，从上午直到日薄西山还没走一子。当他走定了，范随随便便应一手，伏在桌上睡着了，等一觉醒来，才又接着下。从以上几个事例可以看到我国古代围棋规则是简单的，可以随意不计时间。

计时制始创于日本，但也是现代才开始的。围棋大约在隋朝时由我国传到日本。历史上日本棋手对局时，上手有"打挂"的特权，就是"暂停"。当上手左右为难时，不知怎样走才算好时，就可以打挂。什么时候想好了，再接着下，有的一挂就是数年，甚至永无终局。

几十年前在日本，宫琦健造和田村下过这样一盘棋：在未下之前，宫琦说："田村君，我们不打挂，一气下完好不好？"当时田村仅30岁，以下棋敏捷著称，而宫琦已50岁左右，老之将至。田村欣然同意。开棋后，不料宫琦苦思数小时才下一个子，而且常常这样。这局棋一直下了两天两夜，宫琦执白子是上手，况有言在先，田村只能老实相陪。到了第三天早晨，田村实在熬不住了，昏昏睡去，在这以前早已迷迷糊糊不知下了多少错棋，结果田村输了。

事后有人问宫琦，你走一个子怎么想那么久？答曰：我想好该如何走后，就拿着棋子在手上翻着玩，随后就利用间歇时间去考虑家里如何盖房子，盘算哪里该做壁龛，哪里该做厨房……

此后又过了几年，田村的学生小岸北二成为高手，他下得更慢，一局棋下了七八天。那时已开始由报社付局费，但每局所付款甚微，当时棋坛一些高手纷纷提议限时，不然七八天才完一局，局费还不够吃饭，于是开始限时制。不过起初限时很宽，一方有20小时左右，以后才逐渐缩短。这样，此前那种下围棋比坐功的弊端才被革除。目前日本大都每局限为6小时，在我国限为3小时为多。随着现代化生活节奏的加快，又有了快棋和超快棋。超快棋比赛时双方只有10分钟的自由支配时间，其余限制30秒钟必须走一步。

中国唐代围棋盘已发展到17道289粒子，同现在的19道361粒子很接

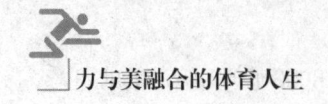

近。当时的规格、战略、战术同今天没啥区别。到了宋代还出现了"棋园"一类围棋组织,有一位围棋手名叫刘仲甫,曾经在一家棋园大显身手,他具有把一盘即将分胜负的满盘棋子一手抹掉,再重新一子不错的摆复原,并且他有在别的高手意想不到地方落下一子取得反败为胜的才能。

王积薪是唐玄宗时翰林,擅长围棋,一次前住四川,途中偶往山中一孤老之家。此家只有妇姑二人,夜静时,王听姑对妇说:今晚没啥消遣,咱俩下盘围棋好吗?妇人答应。王十分奇怪,既未点灯,她们妇姑又分居二室怎么下呢?不禁倾耳细听。只听妇说:"起东五南下一子。"姑应:"东五南十二下子。"妇说:"起西南十下一子。"姑又应:"西九南十下子。"二人每下一子都要沉思好久,直到四更将尽。听姑说:"你已败了,我只胜了九枰。"妇认输。这两位是下了一夜盲棋,可见当时围棋水平已相当高超。

后来在中国和日本,盲棋又有了进一步发展,并编写了"棋经"等理论书籍。

"先马走"

我国古代军事家很重视提高军队的机动能力。著名军事家孙武提出"出其不意,攻其不备"的战略思想,强调兵贵神速。在缺乏机动车辆的古代,军事家要求每个士兵必须具备奔跑能力。军队中的开路先锋及旗手,一般都选善跑的士兵担任,像在王车左右的"先马走",高擎帅旗、尾随主将的"一把雪"以及偷营袭寨、冲锋陷阵、快跑"马驰不及"的"寇兵之士"均由"轻足善走"的"疾足之士"担任。因此在我国古代涌现出许多超乎寻常的长跑或短跑能手。《令鼎》铭记着这样的事：

周成王率领他的臣下和奴隶，到淇国场去进行春种，农事完毕后又进行了射箭比赛。在返回王宫时有一个叫"令"的小官吏和一个叫"奋"的奴隶，是成王的随从，跟着王的马车作护卫。周成王一时高兴说："令和奋，你们两人如果能一直跟着我的马车，跑回宫中，我就赏赐你十家奴隶。"周成王的驭手就快马加鞭，驱车回宫，车子飞快的奔驰，两个护车的人紧紧跟在车后，一直跑到王宫。周成王如约赏赐，令用这笔钱铸了一个鼎，并把事情经过铸在鼎上。说明令和奋能和马车赛跑，是出色的长跑能手。在汉画像石中也有马车前跑步士卒的图像。

公元前514年，吴王阖闾统治了吴国。第二年，当时齐国著名的大军事家孙武带着他的兵法去见吴王，向吴王讲述了他的用兵之法，吴王和统帅伍子胥十分赏识孙武兵法，遂以此法严格训练军队。练兵时，让战士身穿甲胄，手执兵戈。甲胄一般用熟铁色钢打成，重约5.6斤。练兵时让战士身穿甲胄进行长距离奔跑，然后才宿营。这样训练了7年，公元前506年，吴与军事强大的楚国发生战争，吴王选出了长跑速度快的战士3000多人，组成前阵，长途奔袭，出其不意，打得楚军手足无措。吴军势如破竹，五战五胜，最后攻克了楚国首都——郢。

我国古代军队中进行长距离奔跑能力训练是有计划有考核标准的。据《荀子·议兵篇》记载：魏国军队进行长距离赛跑，战士们穿着身、臂、腿三连接的犀牛皮甲，头戴着犀牛皮做的盔，手执强弩箭和白刃战用的戈，腰里配锋利的剑，带着三天口粮，每天跑100里，时间规定每天中午到达终点，接连跑3天。长跑合格的批准解甲归田，还赠给他们田地和房屋，以此来训练军队。可见当时的训练合格标准是挺高的。

真正作为一种更相似于体育运动竞赛的是元世祖忽必烈组成一支名叫"贵由赤"的禁卫军，由亲军都指挥使统帅。"贵由赤"是译音，蒙语的意思是快行者。实际上是一支专业的快速长跑警卫队。这支禁卫军每年进行一次比赛，从北京"河西务"起，到滦京"泥河儿"终点，距离约180—

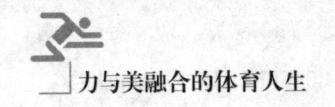

200里，超过了马拉松跑。参加跑的战士也是全副武装。天刚黎明开始跑，限定6小时跑完全程。开跑前用绳子拦住起点，开跑时去掉绳子。奖励前三名，分别是银锭和绸缎。

  古代军队除了十分注重战士长跑训练外，还很重视短跑的训练。《宋史·岳飞传》中说，岳飞非常重视军队跑的能力训练。"每休舍，课将士注坡跳壕，皆重铠习之"，注坡就是上坡跑，跳壕就是跳远。为了锻炼腿力，平时训练时，穿上双重铠甲，增加身上重量，练习跑坡和跳壕，到了战场上，去掉一层铠甲，就能跑得快、跳得远了。这种负重训练法是训练腿部力量的一种好方法，至今尚有许多田径教练仍在采用。由于我国军队重视短跑训练并积累一定训练经验，从而也就培养出不少短跑好手。《北史·杨大眼传》记载，北魏孝文帝要南攻，命兵部尚书李冲"典选征官"。杨大眼前去应征，测试武艺后，他没有被录取，杨大眼又请求测试短跑，用三丈绳系在头上，跑起来后"绳直如矢，马驰不及"。这种惊人的短跑能力，使李冲甚为赞叹："千载以来，未有逸材若此者"杨大眼被录用当了先锋官。后来就对优秀短跑手称作"马驰不及"，而对长跑能手称之为"先马走"。

跨越"楚河汉界"

  中国象棋早在唐朝宝应年间（762—763）就流行了，与现在象棋体制相同，古代士大夫们修身四艺（琴棋书画）中便有棋一项。
  中国象棋的棋盘正方形，上面有90个交叉点，棋子摆在这些交叉点上，棋盘中间没有划通直线的地方叫"河界"，上方和下方划有交叉线的地方叫"九宫",棋子共32枚,分为黑、白各两组,各有一帅(将)、两士、两相(象)、两车、两马、两炮,五兵(卒)。

1956年第1届全国象棋比赛在北京举行。

1980年澳门举行了第1届亚洲杯象棋赛。

1996年新加坡举行了第1届世界象棋锦标赛。世界上已有40多个国家和地区建立了中国象棋组织。中国象棋正走向世界。其实中国象棋早就通过多种途径向各国传播。

中国四邻有象棋,中国人早已知之,明代弘赞就提到印度有一种8×8格的象棋,甚至早在宋代,中国已看到外国人在下这种象棋。

宋代的"三佛齐"(阿拉伯人著录的Zagag),即新唐书的"室利佛游"(梵文碑铭文之Sriviaya),是唐宋时雄霸马六甲海峡西岸苏门答腊岛上的大国,此国自唐宋以迄明代,均与中国有密切的交往关系,其国建都于苏岛南部的巨港(Palembang)。郑和下西洋时,随使马欢撰"瀛涯胜览"所志的"旧港国"便是其地。马欢记载说:"彼等人多好博戏,如把龟、弈棋、斗鸡之类,皆视钱物"。可知其他博弈之风甚盛(事实上邻近地区如爪哇、婆罗洲及马来半岛,也如此)。

1509年葡萄牙远征队军将领Diogl Lopez首次到达马六甲时,发现当地人下的棋和欧洲棋相当接近,便曾和当地人试下过一局。

这种流传在马来群岛的象棋,是一种8×8格棋盘及使用立体棋子的象棋,其古朴的形式,使得19世纪末叶的西方学者感到惊讶,他们搜集了不少分布在这地区的不同样品马来棋子及资料进行研究。德国学者VonOcfele研究著述(1904年)中记载了在苏门答腊岛上Battak旅玩棋的情形,他说:几乎每名Battal男子都会玩棋,而且差不多每个村落的公所都在铺木的地板上有一面大棋盘,以备到公所的人玩棋,而且通常都是满满的。有时太狂热了,村长只得下令禁玩一个时期。

西方学者对这个名称大感惊讶,因为印度棋的名称没有象的含义,这显然出自中国,但他们终难相信这种8×8格的象棋是由中国传入。

马来象棋分布范围颇广，半岛均有，基本形式相同，但也有差异。棋盘木制，刻有对角线（升级有关），棋子名称可分为马来及爪哇两类。棋子通常用软木刻成，刻画简单，不易辨别形象，朱或在广州蕃坊见用象牙、犀角、香木这类代替棋子，可充当名贵的商品，可说极为豪奢了。

今柬埔寨在唐宋时期，中国史称它为"真腊"，是甘蔗人（Khmcr）所建之国，自古亦与中国交往密切，其棋制亦8×8格，棋子与爪哇略同，也是以船代车，惟卒子叫作"鱼"。

中国北部蒙古、西部西藏遗留下来的象棋也同样是唐制，即8×8格的象棋，向北的流传不但远及蒙古大漠，甚且传到冰天雪地的西伯利亚。

蒙古、西藏的象棋与马来群岛类同，棋盘是8×8格，棋子是立体象形，但棋子名称略有差异。

西藏名目：(1) 王，(2) 老虎二士，(3) 骆驼二象，(4) 马，(5) 车，(6) 卒。

蒙古名目：(1) 亲王（刻作塔形），(2) 犬二士，(3) 骆驼（亦刻作象），(4) 马，(5) 车，(6) 卒（亦刻作小犬）。

清叶名沣"桥西杂记"引述一则记事，谓常熟人徐兰，于康熙（1662—1721）中出塞，有蒙古棋歌序："其棋形而不字，将刻塔，象刻蛇或熊。多卒，无士。马横六格，蛇横行九路，满局可行，无河为界。卒直行一格到底，斜角食敌之在前者，去而复返，用同于车。"

这段文字对几只棋子走法，说得相当明白，但他又说：

"局六十四格，棋各十六枚，八卒、二车、二马、一炮、一将、别以朱墨（红墨），将居中之右，炮居中之左，上于将一格，车马象左右，卒横于前。"他说无士，代替的是炮，恐有错误。（古制象棋尚未有炮这只棋子，但后也曾改为炮亦不无可能）通常这只子，都是用犬。

马来、爪哇与西藏、蒙古的棋制是同时期的样品。棋子名目有差异，是以较熟悉而亲切之物代替，是可理解的。

泰国棋的形制，比之马来、蒙藏来说，是较新的形式。但比之现时中国棋却又古老得多，似乎是唐末或北宋初的产物。

在亚洲现存的各地象棋中除中国棋及日本棋外，泰国棋是至今仍然盛行的一种，每年经常有比赛，参加人数不少，也有棋规及棋谱的出版。

棋盘是8×8格，棋盘上没有刻画对角线，棋子立体象形，视等级高低分别形体大小。最小的是"贝"，通常就以一只贝壳作棋子，升级时，把贝壳反过来便成。

棋子排列法，将居左，士居右。唯前排八只"贝"均提高一格，即排在第三行。从棋子的排列图式，一看就可感到它比十六子，分排在第一及第二列的为新。但较中间现制为古，而与中国传到日本的棋制年代相近。

泰族大约是在10至11世纪开始沿湄南河南下，1257年（宋理宗宝五年）建都于速古台（Sukhotai），即中国史籍所称之"暹国"。该地棋形制可能是传自中国西南（云南，在唐时为南诏，宋时为大理国），自陆路随泰族南下而传到湄南河下游，故其形制与较早时在南洲流传的形式不同。

中国云南亦以"贝"当钱使用，而泰国亦是以贝代钱。可知彼此文化渊源。贝壳是最低值的货币，代替小卒，正可相当。以船代车，当是后来更改的，其时已不懂车战这回事，近海的居民，最密切便是船了，"星搓胜览"说"暹国习惯水战"，又云"俗以海贝八代钱通行于年"，便是一证。棋子"ma"这就完全是汉字"马"的音译了。

缅甸的象棋和东邻泰国近似，但不同之处颇多。

棋子排列式，则他地未能见到类同式样，左边的卒排在第三列，右边四座则排在第四列。其他棋子则无固定排列法，棋盘上也同马来式有不同的对角线（与卒子升级有关）。往往形成了几个九宫，通常排列式，以掩护王。这类排子法，令人乍看以为是"排局"。不过我们观察一下，可看到明显地突出了主帅被保护的形象，正如中国现代枰式有九宫一样，甚至感到这是九宫枰式的雏形，卒子分别刻作人与猴，当是比喻作"罗摩衍刀口"（Ramayana）人猴大战的故事。但同样的棋子，双方用不同的名称，除中国棋有之外，他地不常见，但它基本上与泰国棋是同一类型，可能是较后于泰国棋的产品。

唐代时，缅甸"骠国"之地，见于新唐书。10世纪初，缅人南下，到11世纪时建都蒲甘，缅族自古与云南具有密切的文化关系。

与中国关系密切的越南，棋制与中国相同。但与中国东北接壤的朝鲜象棋，表面上看来和中国棋一样，其实差别很大。朝鲜棋棋盘8×9线有九宫，与中国同，但没有河界，通常是横阔型，棋子是八角形，形体大小也视等级有分别。（保留了棋子原为立全象形，演变为平面字形的痕迹）马象两子位置在下棋前互调（与缅甸相类），显然是一种掺合不同时期棋制的混合体。

朝鲜棋子分染红青色。走法：（1）"将"在九宫内任何线行一步。（2）"士"走法与将同。（3）"象"向横或直行一步再走田字步。（4）"马"行日字步。（5）"车"横直行，惟不得越九宫。（6）"炮"横直行并可越过一子行走，惟不得超过炮。（7）"卒"横直行一步，并得在九宫内任何线行走。看了它的走子法，可以知道，我们熟悉的当头炮或屏风马之类的布局法，用在朝鲜棋，全不管用，通常首着，多走兵一平二，以通车路，因为没有河界，兵首着便可横行，而炮不得吃炮，象马双子开局前可互调位置，可以调在三路的马，起步便可挂上士角、象换在马位，直步便由二路跳到中宫炮位。而放在花心的将，没有理由自行退回本位。因为将在花心，可走八向，身动退回本位，只能行一向，岂不自缚，诸如此类，可知布局与走子法与现行中国棋不相近。

在日本流行的象棋，称为"将棋"。棋盘是9×9格，一种用18子，叫小将棋，一种用20子，叫中将棋。此外尚有大将棋等多种，现在流行的是中将棋。

棋盘没有河界，也没有九宫，棋子称为"马"，形体视其等级有大中小之别，作五角略斜平板形，上书棋子名称，双方均白底黑字，以棋子尖端方向区别敌我，仍略带立体棋子意味。

棋子名称及走法：（1）"玉将"，可行八向（横直四斜）行一步。（2）

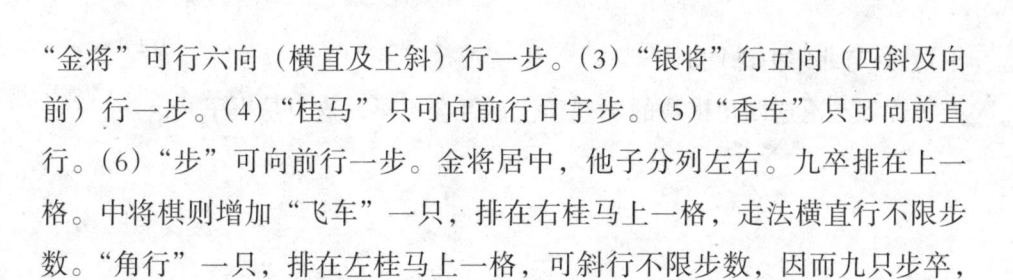

"金将"可行六向（横直及上斜）行一步。（3）"银将"行五向（四斜及向前）行一步。（4）"桂马"只可向前行日字步。（5）"香车"只可向前直行。（6）"步"可向前行一步。金将居中，他子分列左右。九卒排在上一格。中将棋则增加"飞车"一只，排在右桂马上一格，走法横直行不限步数。"角行"一只，排在左桂马上一格，可斜行不限步数，因而九只步卒，则均提到第三列。

棋盘己方三路，是自己阵地，敌方三路是敌方阵地，中间三路是中间地带。棋子除玉将、金将外，如越过中间地带进入敌阵可升级为金将，并把棋子翻转，在背面注明（例如步兵升金将，写上步金）。升级后的棋子可走金将步法及本身步法（翻转棋子表示升级，与泰国相同）。

日本与朝鲜一水之隔，早期中国与日本的交通多是经由朝鲜，较后才有直接交往，照说日本棋的棋制与朝鲜类似才合理，但日本棋与朝鲜棋差异很大，这不足奇，奇的是日本棋竟与远在南海的泰国棋同一类型、相同或近似点甚多：（1）玉将和khun都是走八向（而略有差异）；（2）金将和met，都是走四向（但略有差异）；（3）银将和khon，都是走五向；（4）两者都有升级规定，但泰国只限卒，而日本除玉将、金将外，均可升级。唐宋之际，尚未有文化交流，能有理由相信两者都源自中国。

上文所列举的象棋，除了使用8×8格棋盘外，从其他方面来看，并不显见与印度有渊源关系，西人颇重视语言学上的证据，谓马来、缅甸棋的名称源于印度的chaturanga，是不足作为定论的。早期南海印度化时期，梵语已渗入当地的语言中，使用惯用的语言来称呼某种事物并不说表示该事物来自印度，更重要的就是从印度文献上也找不到象棋出现早于8世纪的证明。

阿拉伯旅行家Al-Beruni，公元973—1048年曾游历印度，把见到的印度棋，留下一些宝贵的记录。他见到的是一种"四角棋"（Fourhandedchess），玩时由四人进行，用骰子一只，掷骰走子，每方前列为四卒，后列依次为车、马、象、王。时为公元1030年（宋仁宗天圣八

年),约与北宋尹洙同时。

暂且不论这四角棋戏的出现年代是否会更早,这只是棋子戏。

中国象棋的兵马世界

为了给中国象棋这一古老棋类运动注入新的活力,推动中国象棋早日走向世界,台湾的高信疆夫妇和北京奚完乾研制了立体造型,以独特的造型和浓厚的民族色彩,引起行家注目和赞赏。立体象棋既有较强的实用价值,又有较高的艺术和收藏价值,深受人们喜爱。

台湾的高信疆,他以6年的时间,投入较大的精力、财力和物力,终于使中国象棋有造型地站了起来,那缤纷的"世界华人造型象棋大展",展出了40余套站起来的华人造型象棋。高信疆说,最早要使中国象棋站起来的构想,是6年前还在台湾的时候。当时他认为,中国象棋自宋代定型之后,一直是那么寒酸地被处置在各个家庭的角落里,最大的原因就是它徒有文字,不具造型,因此它不能和它的同等地位的文化生活的工具,如琴、书、画等同登大雅之堂。

高信疆说,中国文化里有很多活泼的创造因子,现代人应该去发掘,去发扬这些优秀因子,这不是冒犯先人,而是继承先人的本质,让这些文化产物活在现代,活向未来。象棋犹如一个美女穿着一件已经1000年的衣裳,这也太苍老了,造型象棋是将它重新打扮一番,再与世人见面。

他说,美国只爆发一场南北战争,就有了以南北战争为题材的造型西洋棋。而在中国,一部中国史其实就是一部缤纷的战争历史,中国象棋如果要以造型的姿态站起来,它可以采用的题材太丰富了。

高信疆返回台湾之后，他和夫人开始研究他的构想，终于，他以"一往无前，义无反顾"的精神，又一次拼出来了。

此后的几年里，他们把从《中国时报》退休时领到的两笔退休金，投进了要"中国象棋站起来"的事业上，不够，连房子也押掉，还不够，就贷款。他说，到目前为止，他们在这项事业上投下的资本，已经高达1600万元新台币，差不多等于非常专心地去拍一部最具水准的电影。

高信疆的"一往无前"的精神，当年在《中国时报》的时候已经流露出来。时报的《人间》副刊之所以编得有声有色，就在于他勇于把全是休闲性、文艺性的副刊，推向社会性和新闻性的多元发展。

6年前，他联络了世界上可能联络到的华裔艺术家，把他的构想告诉他们，请他们设计具有立体造型艺术的象棋。

时间因此消磨了，金钱因此耗费了，尤其耗费了大量时间在协调和处理工厂与艺术家们之间的不同意见，解决工作中的种种难题。他说，这些都是民间师傅、工匠、艺人，以及艺术家的集体心力和智力的组合。然后是制模与开模，开模之后不满意，再制模再开模。

由于都是艺术品，不能大量复制，因此制作费的昂贵是可以想象的。

如今，终于使中国象棋艺术化、造型化地站了起来，而站起来的中国象棋，将推动着一个新的观念，在未来的年代里，更加灿烂，更加辉煌。而这一切，却仅仅倡导的是一种精神，一种可以称作高信疆精神的"一往无前，义无反顾"的精神。

高信疆会不会将"造型象棋"搬到中国大陆展览呢？他说，他并不排除通过第三者代理到大陆展出的可能性，因为象棋本来就是中国的产物，它应为更广大的人群做出贡献。他说，一个人如果能以"情人的眼、侠客的剑、赤子以及智者的胸怀"来看待事物，那是理想的。中国象棋历来以科学与艺术相结合的运动而著称。中国象棋立体造型化后，一定会进一步走向世界，发展前景非常可观。

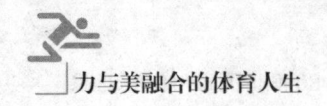

划船渡海的腓基尼人

说起腓基尼人，还有一段有趣故事。

腓基尼是绛红色的意思。当时，埃及、巴比伦、赫梯以及希腊的贵族，都喜欢穿绛红色的袍子，可是这种颜色很容易褪去，只有腓基尼出产的布才不会褪色。腓基尼人是怎么取得这种绛红色颜料的呢？

据说，有个住在地中海东岸的牧人，养着一条猎狗，一天，猎狗从海里叼回一个贝壳，它使劲一咬，顿时嘴里鼻上都溅满鲜红汁水。牧人以为狗嘴巴咬破了，实际上却不是，尽管用水怎么冲洗也洗不掉。难道是贝壳里有红色颜料？牧人自语着，于是拿起贝壳仔细观察，果然发现两块鲜红颜色。从此，那里人争着抢着捞这种贝壳，用来做成鲜红的颜料。后来这种绛红颜料畅销地中海沿岸各国。腓基尼人也渐渐弃农经商，足迹行遍地中海南北各港口，同时也就培养出一批能够驾船航海的能手。

公元前7世纪时，埃及法老尼科把腓基尼人最优秀的航海能手召集到王宫里来。

"听说你们最善于航海，是吗？"法老问。

腓基尼人相互望了一眼，很有把握地回答："陛下，您吩咐吧，您要我们航行到哪里，我们就可以到哪里。"

"好大口气，"法老笑着说，"你们能划船绕非洲航行吗？"

腓基尼人没有立即回答，因为当时对整个非洲大陆是一无所知的。

法老紧接着说："你们从红海出发，环绕非洲航行，要始终靠右向前，决不回转。绕过直布罗陀海峡，进入地中海，回到埃及。如果你们能做到，我必有重赏！"

"陛下，我们愿意试试！"腓基尼人毅然回答说。

尼科法老的脸色顿时严肃起来："在狂风巨浪中划小船渡海，要冒极大危险，你们有那么好的体力和极大勇气吗？如果你们贪生怕死，中途返回，那我将严惩你们！"

好胜的腓基尼人坚定地回答："请陛下放心。"

很快三艘腓基尼航船准备就绪。这些船，都是双层划桨船，船头尖尖的，船尾向上翘起，上面一层船员负责航行方向，下面一层船员只管划桨。船身用铅丹赭石漆成红色，光彩照人，但船的动力是人力，消耗体力相当大，同时速度慢，经不起大风大浪的冲击。但是，勇敢的腓基尼人，不久就驾航船由埃及港口起锚出发了。

航船行驶40天，到达一个陌生地方。当地人皮肤黝黑半裸身子，他们非常好客。于是腓基尼人在地上摆上货摊，陈列各种商品：绛红色布匹、锋利的匕首、琥珀项圈等等。当地人争着拿出许多动物来交换，如猴子、公牛……可是腓基尼人一样也不要，只要一种香气扑鼻的树脂——没药。

又航行了许多日子，天气愈来愈热，船员们很累，很想休息，但找不到可靠岸的地方。原来在岸上发现从来没见到过的人种，皮肤黑黑，嘴唇厚厚，鼻子向上翘，光着身子，在岸上拉弓射箭恐吓不许腓基尼人上岸，无奈只好向前航行。

航行了12个月，船员忽然发现一件怪事。

怎么太阳从北边照过来的呢？原来，当时北半球的人们从来没有越过赤道，只知道中午前后的太阳是从南边照过来的，现在他们到了南半球，所以看到这种现象就惊讶不已。

在航行中，腓基尼船员经受无数次大风浪的袭击，也经受过海上动物的凶猛攻击，又经受过劳累、缺粮、缺水的考验，有些船员牺牲了。没有了粮食，他们就靠岸自己打猎种地，待收割后又上路航行。

"好，大地向西转弯了，我们可以回家了！"当海员们到了非洲大陆

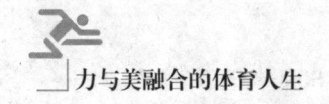

南端的时候,高兴地跳起来!

航船向北航行,当第二年航行结束时,中午前后太阳又从南方照过来。他们回到了北半球。他们驶过直布罗陀海峡,进入地中海,终于回到埃及。腓基尼航海家们这次环绕非洲航行,虽然不是划船运动竞赛,其主要是一种生产贸易活动,但是现代划船运动便在这些实践中产生的。它不但是人类航海史上的一个伟大创举,它也是人类海上运动发展史上具有重要意义的历史性开端。

古代潜泳的功绩

在我国古代名著《水浒传》中有这样一段故事:高俅攻打水泊梁山屡遭失败。随后集中财力物力大造战船数艘,妄想以此当作攻不垮的武器讨伐梁山,一日兴兵,高俅亲自带船讨伐水泊梁山,在临近水泊梁山水面时,只见各船船底漏水,修补不及,逐艘沉没,高俅被宋江、阮小五、阮小七等英雄好汉活捉,官兵大败而逃。这场大战,梁山好汉几乎没有伤亡就取得胜利。原来是梁山好汉利用潜泳在水下将敌船船底凿成大洞而使敌船下沉的。

潜泳在世界古代历史上,屡次显示出突出的军事功能,在体育史册上留下辉煌的印迹。

在3000年前,东地中海是人类文明重要发源地之一。考古学家证实,在苏美尔地方就形成若干城市,并且有学校,主要是教授贵族子弟学文字、游戏和游泳。当时私人贵族建造了私人游泳池。两河流域地处交通要冲,又无天然屏障,常遭异族入侵,所以这里体育军事性很强,正式的军事训练中除了使用弓箭外,游泳,特别是把潜泳作为重要内容。公元前

1312年，爆发了赫梯国与埃及的战争。在战争中，赫梯兵士就利用游泳、潜水、踩水、救护等水上技巧追赶敌人，在战争中发挥了重要作用。

在我国古代，江南人民依水为生，练就过硬的潜水本领。据《列子·说符篇》记载，白公问曰："若以石投水，何如？"孔子曰："吴之善没者能取之。"吴指江苏一带，没，潜也。古时称潜泳者为没者。直至清代，"没"仍然是潜泳的代名词。古人说，世有善泅者，往往能伏水底，谓之打没头。吴人的潜泳技能在历史上是蜚声卓著，闻名遐迩。宋人苏子瞻说过："南方多没人，日与水居也。七岁而能涉，十岁而能浮，十五岁而能没也。"杜甫有诗道："刺船思郢客，解水乞吴儿。"当然，神州大地处处有潜泳能手，只不过吴越一带更突出罢了。

潜泳在古代曾被广泛用于生产活动和军事战争。如广西合浦珠池，是古人入海采珠的地方，由于采捞工具落后只能依靠人为下潜作业，从而风险屡生。当然潜水捕鱼则是较安全的采捕方式。

我国古代在生产实践中涌现出许多潜水好手。如《资治通鉴》记载三晋安帝元兴三年，"胡藩所乘舰为官兵所烧，藩全铠入水，潜行三十许步，乃得登岸。"胡藩能够披挂沉重铠甲的情况下，潜泳三十余步，可以说具有相当好的潜水本领。战国时期纹壶图就可见潜泳。

在古代战场上，潜泳的用途极为广泛，业绩尤为卓著，曾谱写出一部又一部壮观的史篇。

唐德宗时期，淮西镇李希烈率兵反叛，围攻宁陵城四面合军，援路断绝，孤城兵少，十分危急。唐将柏良器奉命率援军入城，受阻于城外，柏良器恐城陷不及，使弩手善游者五百人，沿汴渠夜进，去城数座，潜于水中，遂得入。及旦，贼驱勇卒登城，城中伏弩悉发，皆贯人亡。李希烈得知援军已入城，率军撤围而退。在这场战斗中，潜泳发挥了避敌耳目，隐蔽过关的特殊功能，从而使唐军掌握了战争的主动权。

五代末年，后周将领张永德与南唐水军作战，别出心裁的使用了潜泳高手，从而大破敌军。《资治通鉴》记载："是时唐复以水军攻永德，永德夜令善游者没入其船下，縻以铁锁，纵兵击之，船不得进退，溺死者甚众，永德解金带以赏善游者。"

古代水战中潜泳破坏敌船的战术，直到清代依然使用。英国水军进犯广东时，当地人民就使用这种战术击退了不可一世的英军。据《清碑类钞》中记载："林则徐搜查鸦片，有犯必惩。英人怨之，夺四方炮台，纵淫肆虐，人民憎其奸，操戈相向。一日，南海番禺乡民纠集义勇……直攻英船，预募泅者善入水凿之，毁其船一，英人仓猝逃窜。"

古代的通讯联络方式大多是人为传递。每逢孤城被围，四面临敌，就难以与外界保持畅通。在此之际，人们常用潜泳方式通过水路送书报信。潜泳在这种被封闭的区域内成为唯一外出手段。五代时期，梁唐二军对战于黄河德胜渡两岸，唐将马万数次潜渡黄河，冲破封锁传达军情。据《旧五代史》记载："马万，澶州人也。少从军，善水游没者，唐军与梁军对垒于河上，唐军于德胜渡夹河立南北寨。会梁军急攻南寨，于中流联战舰以绝援路。昼夜攻城者三日，寨将氏延赏告急于唐军主帅隔河望敌，无如之何，乃召人能水游破贼者。马万兄弟皆应募，遂潜行入南寨，往来者三，又助烧船舰，汴军遂退。"在这场战斗中，马万兄弟依靠其高超的潜泳技术，通风报信，火烧敌船，化解了燃眉之急。

结合上述中外历史战例，我们可以看到，作为体育项目的潜泳，不仅在健身和磨炼意志上发挥功能，更在战争中发挥出突出的军事功能，并且被融化成一种独特的军事技巧，具有不可估量的实用价值。

潜泳在近代被发展为潜水运动的一个分支。18世纪在世界上已经出现乘气袋和潜水桶的潜水活动。1943年法国入库斯托改革潜水装置，制成压缩空气呼吸装置。20世纪60年代，潜水运动以实用性潜水作为比赛项目，如水中捞物，潜水定向，背脱装置潜泳等。70年后又增加蹼泳、屏气潜水、载压缩空气装置的潜泳、水中定向和水下狩猎、水下球类等。

驾龙舟兮乘风雷

世界上很多国家,在雨季到来前或雨季结束后,都有庆祝水节的风俗,表示预祝丰收或"庆功酬德"。我国的端午节,实际上也是个水节。不过端午节的龙舟竞渡,大都是说为了纪念屈原的。相传约在公元前278年诗人屈原因感于楚怀王听信谗言,弄得国破家亡,便在阴历五月五日悲愤地自沉汨罗江而死。后人包粽子是为了供祭,划龙舟是象征捞救。后来,龙舟竞渡就逐渐变成端午节的一项欢乐的竞技活动。时值初夏,也正是水上运动的好时机。除了这个今天广为流传、妇孺皆知的传说以外,关于龙舟竞渡的起源,还有种种说法。如有的说为了纪念吴国的伍子胥(《曹娥碑》);有的说竞渡起自越王勾践(《温州府志》);云南白族的传说是为了纪念杀蟒英雄段赤城;有的说是纪念一个杀死青龙的老人;有的说是纪念傣族英雄岩红富。闻一多先生在他的《端午考》一文则认为是起源于史前的图腾祭祀,这种说法得到许多学者赞同。尽管关于竞渡起源说法五花八门,但是有一点是共同的,这就是各地的竞渡都离不开一个龙子。这说明,中华民族作为一个大家庭,被世人称为"龙的传人"是名副其实的。龙是中华文化的重要象征。龙是以蛇图腾为基础吸收其他部落图腾特征而幻想出来的综合体,是华夏先民共同尊奉的图腾。龙的形象表明,华夏先民在民族融汇过程中共同愿望与平等观念。在一个靠天吃饭的农业社会里,最重要的莫过于风调雨顺了,因此,有呼风唤雨,兴风作浪本事的龙,自然就成了人们顶礼膜拜的对象。

龙船在我国出现很早,至少在西周就已经有了周天子乘龙舟的记载。

力与美融合的体育人生

《穆天子传》中写道:"天子乘乌龙舟浮于大沼",屈原在《楚辞》中写:"驾龙舟兮乘雷,载云旗兮委蛇"。因为龙有神力,人们相信把船打扮成龙的形象就会镇住水中妖魔鬼怪,行船时就会安全无事。《晋书·王濬传》中说的十分清楚:"濬乃作大船,画鹢首怪兽于船首,以惧江神。"乘坐龙舟的意义在于保佑行船平安。

我国各地都有端午节赛龙舟的习俗。龙舟竞渡起源于何时?起源于战国至西汉时,早于祭祀歌舞龙舟。其根据是考古发现铜鼓龙舟纹的船是竞渡用船,船上划手动作也似竞渡,每面铜鼓上的船有2—6条,都表现了竞渡形式。龙舟赛各地比赛形式不相同。汨罗江畔的人们,先是穿着新衣,扶老携幼到屈原庙"朝拜",还抬着龙头祭庙,祭毕开始龙舟竞渡。上海黄浦江上,赛龙舟也盛极一时,龙头龙尾精心雕成,彩绸扎满船身,桡手们也穿红着绿,江上锣鼓喧天,夺得锦标方罢。广东人称赛龙舟为"斗龙船",竞赛时以旗为眼,船头一人执旗指示前进方向,以鼓为令,一鼓一桡,整齐划一,船飞如箭。广西的赛龙舟,有用手划的,也有用脚划的。有些地方的夜龙舟,更显热闹。入夜以后,船上张灯结彩,水面飘浮堆堆焰火,龙舟穿梭其间,情景更为动人。据说广东番禺有一只宋朝遗留下的龙舟,宽八尺,长十余丈,船上还有戏台,显示了我国造船工艺和雕刻艺术的水平和技巧。龙舟的制作很有讲究,因为竞渡龙舟的胜负与船身的构造有一定关系,一般都以质轻而坚固的杉木制作。

我国唐代龙舟比赛开始设置锦标,就是在终点竖一竹竿,竿头上挂锦彩,夺到锦彩称为夺标,这使龙舟竞渡成为一项激烈争夺、扣人心弦的比赛。唐代张建树的《竞渡歌》勾画了一幅生动的龙舟比赛图:"鼓声三下红旗开,两龙跃出浮水来;棹影斡波飞万剑,鼓声劈浪鸣千雷;鼓声渐急标将近,雨龙望标目如瞬;坡上人呼霹雳惊,竿头彩挂虹霓晕。"

宋代京城里的龙舟竞赛是汴梁金城金明池里由水军表演的一系列水上节目中的一个,向豪华奢侈方向发展,成为皇室贵族们观赏的一项大型表演。与官方这种浮华的龙舟竞渡相比,民间的赛龙舟则更多的保持着淳朴的乡土气息。如黔东南清水上苗族龙舟节就是如此。这里的龙舟节在农历五月下旬举行，每年到这时候，清江深处就出现了许多古色古香的龙舟。清人徐家干记录道：舟以大整木刳成，长五六丈，前安龙头，后置凤尾中能容二三十人，短桡激水，行走如飞。苗族用来比赛的龙舟是由三根高大的杉木或桐木挖槽而成的独木舟捆扎而成，中间的约25米长，叫母船，两边的约15米长，叫子船，大母船的船头装饰一人多高的大龙头，龙头用柳木精雕而成，头上装有一副粗大的木制水牛角，龙头上挂彩悬绸，将活鸡、鸭、羊、猪等挂在龙须上或放在母船上，母船上尾部有一插口，插上一束芭茅草或稻草，这就是"凤尾"。龙船的指挥人由村寨中德高望重者担任鼓主。在鼓主的指挥下，锣手、舵手、篙手、水手等各司其职，各尽其力。在龙舟节时，沿江各村寨都要划本村的龙舟在清江中比赛。赛龙舟前必须插完秧，否则别人看不起，另外平时有小矛盾的人，一上龙舟就得握手言和。这说明竞渡除了纪念意义以外，还有着身心放松、恢复精力和调整邻里关系、增强村民友谊的社会作用。由于龙舟竞渡特有的文化独具魅力，在经历了数千年的沧桑岁月之后，这一活动不仅没有衰落，反而引起人们更为浓厚的兴趣。1995年在我国湖南岳阳举办了第一届世界龙舟锦标赛。古老的龙舟正在走向世界。

在东南亚好些邻邦，早有龙舟竞渡的风俗。泰国在庆祝佛诞时举行的竞渡中，以九首龙船和凤船最为富丽。那昂首仰天的龙头、凤首，艺术雕刻精细，各种古代舟艇上的桨手，还分别穿着御林军的服装和古代战袍。柬埔寨的水节，虽在雨季之后，但他们庆贺的主要形式也是赛龙舟。每当节日来临，柬埔寨各地划手们，就从和尚庙里抬出存放的龙舟，在铜鼓和蛇皮鼓合奏声中，把它们放入湄公河或洞里萨河，腕上扎有红色彩带的划手，以惊人的力量，把龙舟划向首都参加比赛。龙舟用整段巨木凿成，船桨极大，船头漆有金色眼睛。龙舟赛接连三天，夜晚是欢乐的高潮，灯火辉煌，人们在船上歌唱演奏。船上还点有三支花烛，用芭蕉叶承接掉下来的烛油，按照烛油形状预测农业的丰歉，这也是他们古老的风俗。

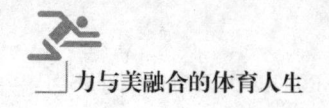

中世纪与帆船赛

"美洲杯"帆船赛是世界上历史最悠久、规模最大的帆船比赛，它的奖杯"美洲杯"是各国帆船运动员所向往的最高荣誉。

帆船赛说起来很简单，就是只靠风力鼓帆行驶的船只竞赛，但是"帆船运动起源可追溯到石器时代。2000年前，中国的帆船已远航日本。15世纪初，明代郑和曾率领庞大的船队七下西洋。1492年哥伦布发现新大陆，也是乘帆船出航。威尼斯13世纪已定期比赛。17世纪，避难于荷兰的英国王子查理二世喜欢帆船运动。1662年举办一次英国与荷兰之间的比赛。1720年英、美、德、法、俄等国家成立帆船俱乐部。1896年第1届奥运会帆船被列入正式比赛。国际帆联每年举办国际级和洲际级大型比赛。"美洲杯"赛就是洲际级最大、最有影响的比赛。"美洲杯"赛却有着极其严格的规则，从船体构造到操作技法都有一定之规，如果想要改变某项赛规，必须提请美国纽约州最高法院裁决。"美洲杯"帆船赛的历史，几乎可说是美国人独占鳌头的历史。在1851年第一次世界帆船赛上，美国人驾驶的"美洲号"帆船战胜了10多个对手，夺得了奖杯。1875年"美洲号"船主把奖杯送给纽约帆船俱乐部，作为举办这项国际比赛的奖杯，从此"美洲杯"帆船赛便成为世界体坛上引人注目的竞赛项目。136年来先后举行过26次比赛，美国垄断了前24次冠军，直到1983年举行的第25届比赛，澳大利亚阿兰·邦德驾驶的"澳大利亚2号"帆船，出人意外地战胜所有对手，一举夺走由美国保持了132年之久的"美洲杯"。

美国失利后，在国内引起震惊，人们把罪责归咎于船长丹尼斯·康纳。他的帆船在决赛中曾以3∶1领先，最后反以3∶4败给澳大利亚队。这位有十几年比赛经验的帆船老手也深感痛惜，但坚强的康纳没有退缩，他干脆辞去工作，在美国帆船基金会的支持下，他筹集了大量资金，聘请最优秀的帆船设计师，运用当代最先进的技术，耗资1500万美元制造出"星条旗号"帆船。为了不负众望，康纳招募了一批有经验的船员，在夏威夷海域的狂风骇浪中训练了13个月，为夺回"美洲杯"做了充分准备。

1986年10月6日在澳大利亚弗雷曼特尔附近的南太平洋水域揭开战幕，来自6个国家的19只帆船要在4个月中进行250场角逐。这些帆船船身均为12米长。预赛采取大循环制，将根据积分决出"挑战者"和"卫冕者"。在第一阶段比赛中，美国的"星条旗号"、新西兰的"新西兰号"、法国的"法国之吻号"成绩突出。在第二阶段比赛中，美国"星条旗号"在船长康纳的指挥下，奋战5轮杀出重围，获得挑战权。将与有卫冕权的澳大利亚"笑翠鸟3号"决一胜负。这场帆船决赛引起两国领导人的浓厚兴趣，并打赌助兴。里根总统打电话给霍克总理，认为"星条旗号"船长康纳必胜，并以自己心爱的白色牛仔帽为赌物。霍克总理当即表示以一顶澳大利亚阿库巴式草帽作为赌注相陪，他说："美国人虽参加决赛，但最后的胜利肯定是澳大利亚人的。"

1987年1月31日，人们拭目以待的决战开始了。比赛采取7局4胜制计分法，经过3局角逐，"星条旗号"追风逐浪，技高一筹，以3∶0领先，澳大利亚的"笑翠鸟3号"只剩下最后一次机会。2月4日下午1时第4轮决赛开始，发令枪响后，"星条旗号"领先5秒冲出起点线，"笑翠鸟3号"紧追不舍，争逐激烈，洋面上观战助兴的千百条船只使这次比赛显得更为壮观。"笑翠鸟3号"船长默里虽然竭尽全力指挥，终于望尘莫及，最后以落后1分59秒败北。

康纳指挥的"星条旗号"获胜了，以4∶0的战绩使"美洲杯"重返美国。他们带回美国的不仅是"美洲杯"，而且还有两国领导人打赌物——澳大利亚总理霍克的草帽。中国帆船运动从1954年开始，经过40年努力奋斗水平不断提高。1986年第10届亚运会中国获470型帆板每个级别冠军。1992年在第25届奥运会上张小冬获女子390型银牌。1998年在我国青岛举办的国际性帆船运动比赛中也获得可喜的成绩。

培养勇敢者的运动——皮划艇

皮艇和划艇并非现代的发明，而均有其漫长的发展历史。

皮艇的"祖先"是爱斯基摩人用来游猎的工具，用动物皮和骨骼制造。在匈牙利布达佩斯自然历史博物馆里，至今还陈列着这种船只的一幅有趣的简图。

原始皮艇最初在格陵兰岛使用，原始划艇则由北阿拉斯加的渔猎印第安人在加拿大东海岸使用，而且划艇用作竞赛船只也比皮艇要晚一些。从最早涉及皮艇的历史记录中了解到，皮艇的发展与人们漫游欧洲北部海域有关。16世纪后期，英国探险家伯腊弗就曾旅行到萨摩耶底斯。他早在1556年就提到这种水上渔猎的重要工具——皮艇。18世纪90年代，英国人詹姆斯·库克曾旅行到阿留申群岛，他也怀着赞叹之情描述了这种有趣的运载工具。堪称现代皮艇之父的苏格兰人约翰·麦克格雷戈，造了一条长4米、宽75厘米、重30公斤的"诺布·诺伊"号皮艇，1864年划着它游历了著名的英国海。1865年至1867年之间，他又乘皮艇旅行到法国、德国和瑞典，后来甚至到达过巴勒斯坦沿岸。

19世纪90年代，欧洲大陆出现了按约翰·麦克格雷戈的"诺布·诺伊"号仿制的第一批皮艇，先传到瑞典，后来传到德国。最初只用于短途旅行，很快就被人们用来进行有趣的竞赛。为了适应比赛速度的需要，运动员们仿照橹摇船和帆船研制出一种船尾宽阔的皮艇。此后一个时期内，皮艇爱好者们醉心于船形改进，终于出现了一次重大的突破——德国工程师赫曼根据飞行技术方面的经验，将皮艇做成鱼形，使之速度更快。到20世纪20年代中期，瑞典人又发明了"四边形"皮艇，并在比赛中战胜了德国皮艇。在同一时期，英国造船家威廉·弗龙德发现船体越长速度就越快，此后皮艇就越变越长，终于定出一个极限——单人艇最大长度为520厘米，这个极限直沿用到今天。

1936年在柏林举行的奥林匹克运动会上，皮划艇首次被列为奥运会比赛项目，比赛的艇种为单人和双人皮艇、划艇。比赛距离为1000米和10000米，但只有男子比赛。

1948年第14届奥运会有了女子皮艇比赛。随着竞赛日趋频繁，竞赛规则对船只的限制也相应严格起来，某些规范趋于国际标准化了。但在50年代后期，出现了一股"船型探索"热，一些造船家企图使划船比赛决定胜负的关键，变成不是依靠运动员的技能而是凭借造船家的发明与创新。为了刹住这股风，1961年国际划船联合会又对皮划艇的横向和纵向轮廓线做出了规定。实际上皮划艇不仅是一种竞技运动，也还是很好的体育教育手段。

克里斯蒂是美国宾夕法尼亚州匹兹堡一所公立学校的体育教师。他为了丰富孩子们的课外生活，培养学生战胜困难、敢于冒险的精神，登出了一则准备用橡皮筏漂流怀特活特河的告示：凡具有运动员体魄，会游泳、划船、乐于帮助他人的中学生，都可以报名参加。他本人将担任领队和总教练。在不到一周的时间内，就有来自各个学校的几十个孩子报名参加。经过严格挑选，24名14—17岁的学生被选中。

怀特活特河是俄亥俄河上游的一条小支流，水急、滩险，两岸奇峰突起，景色十分秀丽，每年都吸引不少外地游客。为了确保孩子们安全和探险旅行的顺利进行，入选的学生每天课后被集中到一所中学的游泳池练习游泳、划船、救生以及进行水上安全常规的训练。孩子们练得很认真，他们认为这是一次不寻常的水上旅行。

经过集训，24名学生分乘5条橡皮筏开始了探险行程。每条船上都有一名教练任指导和负责学生的安全。孩子们情绪极为高昂，他们用力划着桨，在弯曲的水道上奋力前进，有的地方水流湍急，波澜起伏，孩子们虽不免心情紧张，却又领略了探险的滋味。在前进过程中有些小划手不慎落水，但没有发生意外，这是因为在学校经过了严格的集训。孩子们顽强拼搏，战胜了险滩、湍流和疲劳，终于在欢呼声中到达目的地。请听听孩子们发自肺腑的心声："虽然紧张惊险，但这确实是令人振奋和有趣的旅行。""它给我一种齐心协力完成任务的感觉。""不光是快乐，而且建立了必胜的信心。""我将再来一次。"

孩子们纯真质朴的语言为活动的组织者带来了无限的快慰。

户外运动尽显绅士风度

当今，几乎所有国家都举办田径运动大会，特别是每年春秋各级学校都举行田径运动会，运动项目分田赛和径赛，大家在奔跑、跳跃、投掷运动中你追我赶。可是你是否知道，这种田径运动会最早起源于哪个国家吗？

要了解这个问题，还得从近代英国兴起户外运动和绅士体育谈起。

英国是一个美丽的岛国，气候比较温和，具有开展水陆运动的良好自然条件。英国人自古就有户外运动传统。

1534年，英国国会决定以国王为英国教会首脑，从而也就与罗马教皇断绝了关系。后来又立新教为英国国教，国教不但不像罗马天主教那样推行禁欲主义，限制民众从事体育活动，相反却强制民众从事体育运动。1618年，英国国王颁布《文体活动规定》，声称："'禁止娱乐会使民众远离教会'，'下等民众'不从事体育活动，身体羸弱，不能胜任兵役；心怀不满情绪的人，在酒店里发牢骚，威胁社会安宁。为此，教会各级神职人员，必须教诲教徒，让他们参加礼拜，从事合法的娱乐和体育活动，违者由主教会同当地法官予以严惩。"

自从哥伦布1493年发现美洲新大陆和麦哲伦环球航行以后，欧洲的对外商路发生变化，使得欧洲的贸易中心从地中海转移到大西洋沿岸和英国，因此，英国资本主义迅速发展起来。1640年，英国发生了资产阶级革命，100多年后又完成了工业革命，生产突飞猛进，国力日益强大，大量海外移民，首先建立起世界霸权。

英国资产阶级为了培养自己事业开拓者，非常重视对后代的德、智、体全面教育。教育家洛克、斯宾塞提倡这种教育，特别提倡绅士体育。它采用骑马、击剑、划船、游泳和舞蹈等手段，锻炼学生的身体，并养成处群能力竞争精神。在绅士体育的推动下，古老的射箭、荷兰的滑冰、西班牙斗牛，以及中世纪兴起的赌博性赛马、拳击、跑步等也发展成近代体育竞赛项目。

绅士体育所强调的竞争精神和竞赛中"业余"原则对世界体育发展产生深远影响。在绅士体育问世之初，导致这一观念出现的根本因素——体育运动领域内阶级歧视便已充分显现，当时成立的绅士体育俱乐部都对下层群众持关门主义态度。18世纪末，由于下层群众越来越多地参加比赛，并经常取得胜利。绅士们为维护自己在竞技运动中的地位，遂公开提出所谓"业余原则"，1867年成立了伦敦的田径俱乐部正式将"业余原则"写入章程。该章程称，体力劳动者、带薪教练员以及在某次竞赛中收取过金钱者，均不得参加业余运动者的比赛。这个章程的"业余"精神，后来又为其他体育团体所遵循。1894年，国际奥委会成立时，也将"业余原则"写入奥运会章程，从而更确立了这一原则的地位。

力与美融合的体育人生

英国的工业革命，强烈地冲击着旧教育制度。英国拉格比公学校校长阿诺德（T.Arnold，1795—1842）是19世纪英国教育改革的成功者。他发现体育竞赛活动不仅可以阻止社会不良风气对学生的毒害，还有助于形成学生坚强性格、崇高思想和领导能力，于是把流行的传统竞技游戏作为一种教育手段，将学校的某些管理事务，特别是运动竞赛的组织工作委托给受学生尊重的高年级学生，让他们在实际工作中经受锻炼，以获得承担未来领导职务的经验。这一措施即是体育史上著名的"竞技运动自治"。阿诺德的新体育原则和方法，促进了绅士体育更新，也影响到社会运动俱乐部的发展，甚至对奥林匹克运动思想的形成产生了一定影响。

19世纪初，当欧洲大陆上风行体操运动时，英伦三岛上却盛行丰富多彩的户外运动。这些户外运动包括橄榄球、曲棍球、水球、狩猎、钓鱼、旅游、登山、游泳、滑冰、滑雪、投石、投铁锤、网球、板球等项目。这些户外运动多半有组织、有规则并带有竞赛特点，已经发展到比较规范化程度。特别是英国户外运动项目中的射箭、骑马、足球、划船、田径运动，更为盛行。

射箭是英国传统军事体育活动，古代英军素以善射著称。在英法百年战争中，阿金考尔特一役，英军1500名射手，强弓劲射，疾矢如雨，一举消灭6000多名装备重武器的法军。

英国足球活动开展比较早，据记载，12世纪，伦敦就有青年人在郊外草地上踢球。那时足球很小，球场长宽不定，球门上糊纸，作用相当于现代的门网，球员人数也不定，可以参加20—40人。1490年正式将这种球命名为足球（Football），足球先传至荷兰、丹麦、瑞士等国，随后风行世界。

英国15世纪中叶风行高尔夫球游戏。当时许多青年热衷于高尔夫球，而不去参加射箭。1457年，苏格兰政府曾下令禁止高尔夫球，但未能禁绝，相反却逐渐普及英国。1608年，英国成立了第一个高尔夫球俱乐部，1754年制定了比赛规则。19世纪后，高尔夫球就流传到了美、亚、非许多国家。

英国划船运动非常活跃。18世纪，在泰晤士河上，时常举办划船比赛，观者欢声雷动，飞舟竞渡似箭，景象十分热闹。那时的划船不仅为了健身和娱乐，而且为了掌握航海技术，所以当时英国资产阶级非常重视划船运动。许多人专门从事划船运动，成了职业选手。

自从古代奥林匹克运动会被废止，欧洲的田径运动竞赛被湮没。到了18世纪前期，赛跑活动在英国开始复兴。当时盛行越野跑，到了18世纪中叶，已经有了好几种径赛活动，如障碍跑、跨栏跑、竞走等，但这些活动多属于以金钱设奖的职业性表演。奖金和赌博成了刺激运动竞赛的两种普遍使用方法。

1850年，英国牛津大学举行了一次业余赛跑运动会。竞赛项目有100码、330码、440码、1英里跑、110码跨栏跑。这时跨栏跑规则规定必须双脚同时起跳越过栏架。第二年，牛津大学运动会增加了田赛项目跳高和跳远。1866年，英国举行了第一届田径锦标赛。在世界近代田径发展史上，英国最先举办田径运动会。可以说，英国起了先导作用。从上面可以看出，世界上田径、球类和水上运动，基本上是在英国户外运动基础上形成的。

跛脚拜伦渡沧海

英国诗人拜伦，原本是一位体弱跛脚少年，但经过刻苦锻炼，竟成为一位体格健美的渡海英雄。这在体育史上是罕见的，他热爱体育的故事也在各国广泛流传。

1788年1月22日，拜伦降生于英国伦敦，母亲给他取名叫乔治·哥尔顿·拜伦。

力与美融合的体育人生

拜伦的一生道路是坎坷不平的，可以说从童年开始，他就是一个不幸儿。他的祖先是英国贵族，可是，他的父亲，在将家业挥霍一空后就遗弃了妻子和儿子。当时只有3岁的拜伦，只好和母亲回到临海的亚巴顿市，租一间小房子，过着十分贫困的生活。一个失去丈夫的女子，儿子是她唯一的安慰和希望。可是哪里知道，当小拜伦开始学走路的时候，母亲突然失声大叫起来："脚是跛的！"

跛脚本来给小拜伦带来许多肉体上的痛苦，跛脚又使他成为许多人议论和嘲笑的对象，更给他以精神上的压力和苦恼。有一次在亚巴顿市街上散步，一个贵妇人从旁边走过见拜伦一瘸一拐的样子，感到可笑，就说道："呀！多么漂亮的孩子，可惜是个跛脚。"

"不可以这样讲，妇人"！自尊心很强的小拜伦，按捺不住心头积聚的愤怒，一下子发泄了出来。

4岁多，拜伦就入学了。他的记忆力很好，喜欢阅读书籍，特别是爱读历史书。他在学校里以读书多和善演讲而闻名，赢得了许多同学的赞扬，但他的跛脚自然也引起一些同学嘲弄。

在亚巴顿学校读书时，有件事对他刺激很大，对他以后决心锻炼身体起了很大的激发作用。有一天，他在运动场上站着，看别人打球，一个健壮而顽皮的孩子叫印斯，看他好欺负，故意拉他到球场打球。拜伦一再推脱，这个孩子仍不放过他。于是印斯想出个坏主意，当众羞辱跛脚拜伦。印斯找来一个竹篮子，强迫拜伦将一只脚放进去，然后套着这只篮子在运动场上绕一周。球场上四周的同学都在注视着他俩。拜伦受到如此侮辱，气得两眼发红，真想打印斯几拳。可是他转念一想：印斯的身体比我壮得多，怎么能打胜他呢？无奈只好忍辱套上竹篮，一瘸一拐地地绕场走一圈。在场的同学见此情景，都笑得前仰后合，然而拜伦内心却痛苦极了。

事后，他想印斯之所以敢于如此放肆地欺侮我，就因我体弱无力。从此，拜伦下决心，不顾别人的嘲笑，坚持每天跑步、游泳，有时还打球，特别是还经常练习拳击。拜伦过去由于怕人讥笑，很少运动，身体虚胖乏力。经过锻炼，虚胖变成肌肉结实，力气也大大增强了。后来，学校开运动会，他参加了拳击比赛，恰恰他同印斯分在一个组里。印斯自恃身材高大而健壮，根本没有把拜伦放在眼里。比赛一开始，印斯就气势汹汹地向拜伦发起进攻，拜伦先只侧身掩护，灵活地跳动，人们都以为拜伦肯定会失败，可是时间一分一秒地过去，当印斯的体力消耗得差不多时，拜伦开始像一头小雄狮一样，发起猛烈进攻，他巧妙地寻找空隙，用勾拳连连击中印斯脸颊，只听"噗通"一声，印斯被拜伦打倒在地，并且爬不起来了。四周响起了雷鸣般的掌声。

"人的生活因为有了美，所以最后一定是悲剧"。英国文学家王尔德的话震动拜伦的心，他认为，美好的东西，可能招致嫉妒，也可能招致争夺，酿成悲剧，但绝不能因此就不追求美，一个人要为自由而斗争，一个人也要为追求美而战斗。他为了争取自己的形体美，在减肥和增强体力方面，做了不懈努力，表现了异常坚定的毅力，他节制饮食，不吃肉，不喝啤酒，每天参加足够量运动，或者骑马、拳击，或者游泳、跑步，持之以恒，绝不间断。他由于刻苦锻炼，虽然跛脚对运动产生影响，但仍然很快提高了运动技术。在中学时他就是全校知名的游泳冠军。他升入剑桥大学后还经常登山、野游，他的身体由虚胖变得健美起来。有的同学大吃一惊，他同从前判若两人。据当时描写他的文献记载："他的皮肤像雪白色的花瓶内微微亮着灯一样透明，栗色的头发有着铜色的光泽，长垂着的睫毛下，碧鼠色的双眸澄明得像高山上的湖水。"俨然成了一位健美男子了。

拜伦是诗人、运动家，同时又是一位动物的爱好者，拜伦喜欢在森林、山野、田园小路上，或开阔草场上散步，一边观察自然万物，呼吸新鲜空气，一边构思新诗。他经常游泳，技术相当高超，并不比专职运动员逊色。有一次，他一个人游泳渡过黑列斯波海峡，在波涛汹涌的大海里畅游十几里，许多人为之一震。当时俄国诗人普希金知道拜伦壮举后，竟赞不绝口，表示要学习拜伦的无畏精神。拜伦还曾骑着骏马飞奔上阿尔巴尼

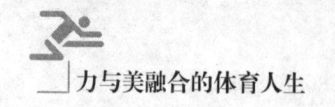

亚的峻岭高峰。拜伦这两次壮举，不仅在当时国内外传为佳话，而且成为体育史上的美谈。拜伦已经成为世人心目中热爱体育的名人典范。

遍览名山大川的旅行家徐霞客

徐霞客是我国明代地理学家，也是古代杰出的旅行家和登山运动员。

徐霞客在他56岁的人生中，有长达34年的探险旅行和科学考察经历。他登山探洞，溯江寻源，凡奇必往，无险不披，提一根手杖，携一床被褥，徒步完成了大半个中国的国土考察，足迹遍布我国16个省区的无数山川，写出了洋洋40余万言的《徐霞客游记》。

徐霞客在科学上的成就和贡献是多方面的。他对山川源流、地形地貌的考察，对岩石、洞穴、瀑布、温泉的搜奇览胜，都超越了前人。他是指出金沙江是长江主源的第一人。特别是他对喀斯特地貌（即岩溶地貌）的考察和研究，比西方同类学者要早两个世纪，在我国乃至世界科学史上都占有极其重要的地位。

从电影和照片上，不难看到登山运动员勇攀高峰的镜头或画面，那既是一种艰险的体育运动，又是一种有重大科学价值的科学考察实践。从事这种运动既可以锻炼人的体力，又可培养人的顽强的毅力和勇敢精神。徐霞客就是从事这种登山运动，只不过他登的不是喜马拉雅山，而是东岳泰山、南岳衡山、西岳华山、北岳恒山和中岳嵩山。所以明朝末年他被称为"奇人"，他所写的《徐霞客游记》被称为"奇书"。

距江苏江阴市城北40里，有一个叫南阳岐的小村庄，那就是徐霞客的故乡。秋天，每临菱角成熟时，徐霞客都要和小伙伴到璜溪抓鱼、捕蟹、采菱角，在水中嬉戏玩耍一番。江南的一方水土，培养了小霞客热爱大自然的情趣。

徐霞客出身于南阳岐一个衰败的封建地主家庭。小时候在私塾里念书，15岁那年他参加了一次童子试，但没有考取。其实，徐霞客天资聪慧，记忆力惊人，没有登科反而使他的思想得以解脱，开始认真阅读家中的藏书，渐渐地对那些历史、地理、探险游记类书籍，产生了特别浓厚的兴趣。他读书刻苦、认真，只要读过，详细的内容都能记住。小时候，徐霞客读书时，发现一些地志、史籍记载中，有许多不准确或错误的地方，就暗暗下定决心，将来一定要找机会到大自然实际考察，弄清事实。他信奉的古语是"读万卷书，行万里路"。

徐霞客成年不久，父亲便过世了，母亲王氏是一位知书达礼、性情豁朗的妇女。儿子的奇绝之才令她高兴，但看到儿子在社会污浊空气的窒息下，才华得不到施展又很难受。有一天她拉着霞客的手说："身为男子汉大丈夫应当志在四方。你外出游历吧！到天地间舒展胸怀，增长见识。你不能因为我便像圈在篱笆里的小鸡，套在车辕上的小马一样，羁留家园，无所作为！"

徐霞客听了母亲这番话非常感动，正好也和他的想法不谋而合。在22岁那年，他终于踏上了远游探险的旅途。直到逝世，徐霞客这种"以求知而探险"（竺可桢语）的远游就从来没有停止过。

徐霞客的探险活动以登山、探洞为主。他登过的山峰多不胜举，《游记》中记载有357个岩洞，其中徐霞客亲自入内探察的就有306个。他登山必要到达顶峰，探洞定要钻入深处，他攀缘于危崖峭壁之上，爬行于黑暗曲折的洞中，无恐无惧，备尝艰辛，是一个名副其实的探险家。

有一年，徐霞客攀登雁荡山，为了寻找古书中记载的山顶湖，他和两名向导在石片棱棱的山脊上缓缓前行。突然，前面路断，而一块石壁下有一平台，要找到继续前进的路必须下去。霞客叫两名向导解下绑腿，结成一条长索，他和一名向导悬绳而下。下去后才发现这个平台仅能落脚容身，而悬崖之下是万丈深渊，根本没路，只得爬上去。在上爬过程中，带索被尖利的岩石磨断，他差点跌进深谷。经过再次系结加固带索，才登上悬崖脱离险境。

徐霞客在登山、探洞中，遇到类似艰险的情况还很多。

有一次，他在云南腾冲叙经一高峰，为寻找洞穴他徒手攀过一块岩壁，《游记》中描述当时情景有一段精彩的文字：

"……土削不能受足，以指攀草根而登。已而草根亦不能受指，幸而及石，然石亦不坚，践之辄陨，攀之亦陨，间得一少粘者，绷足挂指，如平贴于壁，不容移一步，欲上既不援，欲下亦无地，生平所历危境，无逾于此。盖峭壁有之，无此酥土；流土有之，无此酥石。久之，先试得其两手两足四处不摧之石，然后悬空移一手，随悬空移一足，一手足牢，然后悬空又移一手足，幸石不坠；又手足无力欲自坠，久之幸攀而上……"徐霞客就是这样以其惊人的毅力攻克了一道道难关。这也说明徐霞客有着运动健将般的强健体魄，有人形容他是"捷如青猿，健如黄犊"。

有一回，在广西融县的真仙洞中，一条盘卧的巨蛇堵在路中央，周围弥漫着一种恐怖气氛，可是为了探明洞穴深处的情况，霞客还是不顾艰险，勇敢小心地从蛇身上跨越而入，又跨越而出。

在湖南茶陵探麻叶洞时，当地人都说洞内有神龙奇鬼，没有法术的人进去肯定完蛋。霞客却不以为然，他花重金雇来一个小伙子当向导。来到洞前正准备进去时，小伙子突然心里发虚问了一句："先生到底有多大降妖治魔的法术？"霞客笑了笑说："我嘛只是个读书人，不会什么法术。"小伙子一听急了，说什么也不干了，嘴里还嘟囔着："我怎能为你舍掉性命呢！"霞客无奈地笑笑，带几支火把独自进洞。

村里人听说有人进洞，老老少少好几十人聚在洞口，既好奇又担心。这个洞口很小，像个竖井，黑洞洞的不知深浅，徐霞客扶住洞口伸下脚去，接着用手抠住洞壁，把身子悬在空中。幸亏常年攀山爬坡身体素质好，俗话说，力大心不慌，他沉着地靠住两臂撑住身体，用两脚探索岩壁，寻找落脚地方，一步步往下倒换着手脚。就这样，他终于下到洞底一个稍微平坦地方。再把仆人接下来。他们用火四处照着，继续寻找通向深处有洞穴的地方，仅有尺来宽的缝隙可入，便腹背摩贴着挤进去。他们来到一个豁然开阔的地方，见两壁石色石质，晶莹欲滴，垂柱倒莲，如同刀刻，有许多怪石，呈现各种形状，有的像各种动物，栩栩如生……直到火把已烧大半，才恋恋不舍地寻小路返回。

徐霞客就是这样艰险地考察了许多穴洞。其中他两次考察了桂林"七星岩"，他对其分布、规模结构、特征，都做了细致记述和分析。后来，1953年中国科学院地理研究所证实了徐霞客当时考察描述的正确性。

徐霞客登山，不仅不避艰险，有时还故意找险路。浙江有个雁荡山，山前挂下一条很长的瀑布，长年流水不停，十分壮观。徐霞客28岁那年，为了探索这条瀑布的源头，便和仆人一起攀登雁荡山，他们在一座峭壁前被挡住去路，便砍木头插在石缝里，一点点向上攀登，接着又遇到峭壁，前行无路，他们于是将包脚布撕成布片，拧成绳从高耸的崖上垂下，然后手拉布绳，脚蹬峭壁，悬空而下。当时有个采药老人，在对面西山下看到这种情景，竟作为奇迹到处传诵。

徐霞客从青年时代开始到50多岁，所以能坚持在外考察，对祖国地理学、地质学做出重大贡献，其原因除了他热爱祖国、热爱科学的可贵精神外，与他具有一副健壮体魄是有直接关系的。体育界有句名言："健康的身体是科学的基础。"这在徐霞客身上得到印证。

徐霞客知道，做一个旅行客必须身体健壮，因此他十分注意饮食起居的卫生和身体锻炼。他的朋友曾描写："霞客，面色黑红、牙齿雪白，身长六尺，胸膛肌肉丰满，精力十分充沛。"在写到他对各种困难环境适应能力时说："能霜露下宿，能忍数日饥，能逢食即饱，能披被单夹耐寒暑，能矫捷如猿猴。"可见他的身体是相当健壮的。

欧陆野游潮

喜爱作诗和善于思索的德意志人不仅有喝啤酒和吃腊肉的嗜好，而且有远足的爱好。你一踏上德国的国土，就可以见到那些背着帆布背包、穿着长筒靴和古式灯笼裤的人，成群结队地长途步行。

早在1883年，德国就成立了全国远足者协会，后来全国各地陆续成立了许多分会和俱乐部，除特殊情况外，一般每年举行一次全国远足者代表大会。远足者协会和各分会负责安排俱乐部内的各项活动，维护会员进行远足的各项权益以及负责颁发奖牌和荣誉奖章。远足者协会和所属各分会还根据会龄的长短向会员颁发不同级别的荣誉奖。连续25年参加协会或俱乐部各项活动的会员可获金牌一枚；少于25年会龄的会员可分别获得银牌、铜牌和荣誉奖章。会员们十分注重这种荣誉。斯图加特市近郊的远足爱好者更为突出，那里的婴儿刚一落地，爱好远足的父母急着要办的第一件事就是为他们的子女报户口和报名参加远足者协会。

经常参加远足活动的有普通居民，也有政界要人。原联邦德国前总统卡斯滕斯就是最热心参加长途步行的典型。他自1979年7月就任总统以来，总共步行了1500多公里，足迹遍及波罗的海沿岸和阿尔卑斯山脉。卡斯滕斯总统在远足途中，除一直由他的妻子贝罗尼卡和女医生维罗尼卡·卡斯迪陪同外，还常有500—1000人轮换伴随，陪走的人多是不约而同和自发地加入到跟随总统远足的队伍之中的，他们陪同总统走完一段路程后便自行解散或返回原地。老的陪走队伍解散后，由当地远足爱好者汇集而成的新队伍继续陪同总统长途跋涉，简直成了一场长距离步行接力赛，其声势之浩大为世人所罕见。由于卡斯滕斯总统热心于远足活动，并亲自出席了在富尔特市举行的1983年全国远足者代表大会，联邦德国出现了一股前所未有的远足热。到1983年8月上，全国远足者协会拥有会员606000人（其中大部分人的年龄在30岁以下），全国共有远足者分会2630个，远足者俱乐部49个。由于卡斯滕斯总统的倡导，德国的远足活动已增添了新的内容，除为了增强体质外，还在远足活动中观赏大自然的风光，增强对保护自然环境的兴趣。卡斯滕斯总统在远足过程中常与许多生态平衡学家一边走一边交谈，听取他们关于保护生态平衡的建议和要求，以便政府能采取有效的保护措施。1983年联邦德国全国远足者协会成立100周年时，远足爱好者们举行了盛大的庆祝活动，并出版了一本专供远足爱好者使用的地图册。这本共有430页的地图册中标有许多条适合长途步行的小路和公路，总里程为108000公里。全国旅游管理部门也开始对远足活动给予支持和配合，向远足者提供各项服务设施。

联邦德国的远足活动除具有群众性外，还有一个特点，就是集体行动。远足的队伍少则100—150人，多则上万人，而其他一些国家的长途步行者多是单独活动。德意志人的远足还带有一定的地区性。

野游在现代也受到广大人民的喜爱。人们在实践中认识到旅游是一项健身健心、陶冶情操的极好的运动锻炼形式。那飞流直下的瀑布，那惊涛拍岸的浪花，那幽静的山林和洁净的泉水……会把你带到诗一般的境界。特别是在瀑布、海边、山泉、森林地带，空气中包含有益健康的负离子，这种负离子能提高神经系统功能，改善心肌营养，增强摄氧能力，促进新陈代谢，无怪乎人们称这种负离子为"空气中的维生素"。负离子在不同地方数量差异很大，如大城市室内每立方厘米约有40—50个负离子，而在海滨、森林中可高达数千个甚至上万个。

在野游尽兴而归时，你会发现皮肤颜色变黑红了，这是阳光对你的馈赠。野游是一项很好的体力锻炼，可以强心降脂。当你登上高山之巅，欣

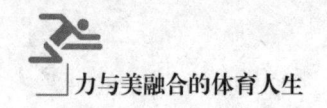

赏那千峰竞秀、万壑藏云之美景时,你不仅使下肢肌肉得到锻炼,而且步行、爬山也使心脏得到锻炼,身体的运动负荷量不亚于跑步和打球。

野游是对大脑的特殊锻炼。为了使大脑两半球都得到充分利用,科学家建议在休息时通过欣赏大自然、听音乐、体育锻炼使右脑得到充分利用,从而使左脑保持更高的功能,达到消除疲劳、健脑健身目的。这可谓:"神欢体自轻,意欲凌风翔。"

环游世界的潘德明

潘德明于1908年出生在浙江湖州的一个裁缝家庭,从小酷爱运动。初中毕业后,曾入上海南洋高级商校就读。因家境贫寒辍学,潜心钻研外语,阅读世界地理和各种旅游书籍,为环球旅游打下坚实基础。

1930年6月,潘德明从东南亚入印度次大陆,经中近东入非洲经埃及,再北渡地中海,循巴尔干半岛转近中欧和斯堪的纳维亚半岛,经英国横渡大西洋赴美国和中美各地,最后跨太平洋,循新西兰和澳大利亚到亚洲。1937年6月,潘德明由缅甸回到祖国云南,历时7年,行程数万里,写下了徒步和骑自行车旅游世界体育新纪录。他在环游中经过40多个国家,留下的文物资料甚多,仅《名人留墨集》就记有近1200个团体和个人题词签名,其中有印度圣雄甘地和著名世界诗哲泰戈尔签名,还有李宗仁先生"有志者事竟成"题词,张学良将军"壮游"的题词以及徐悲鸿画家的书赠等。

1933年7月27日,正在法国治疗考察的张学良将军接见了潘德明,并题赠"壮游"两字。

潘德明为什么要只身探险环游世界？他在《旅行自述》中说得十分清楚："余此行以世界为我之大学校，以天然与人事为我之教科书，以耳闻目见、直接接触为我之读书方法，以风霜雨雪、炎荒烈日、晨星夜月为我之奖励金。"决心"一往无前，表现我中国国民性于世界，使知我中国是向前进的，以谋世界之荣光"为素志。

潘德明壮游世界之日，正值中国人民陷入极度水深火热之时，昭雪"东亚病夫"之耻的雄心和壮举，的确可使中华民族精神为之一振。这正是：寻幽探胜非本意，发聩振聋是真心。

1930年11月19日，一艘从香港开往安南（即今越南）的海防客货轮，中途停泊在海南岛海口市码头上，一个中等身材，身着童子军装的健壮、英俊青年，背负行囊，随着熙熙攘攘的人流，从舷梯登上船，这人就是潘德明。他经过几天海上颠簸，首途到达河内，由河内南下，约一个月行程，方抵西贡。他每天步行75公里，在西贡买了辆代步工具自行车，以一日190公里速度前行。潘德明沿公路奔向暹罗不远的素攀（每年举行赛象盛会），所以离开公路，翻山越岭，进入扁担山丛林。但见莽莽苍苍，树冠相连，蔽日遮天，且藤萝蔓生，灌木遍地，潘德明不得不扛上自行车，牵藤附葛而行。待到一稍缓的坡岗，忽然遇到一群猴子，发出婴儿似的啼叫，而且蚊蚋肆虐成团打转，扑人颜面。日色偏西，夜幕降临时，兽吼虫鸣，更增加了恐怖气氛。他的铜盆帽被猴子抢去，背囊里食物也丢失了不少。找到一个较安全地方，生起篝火，并把防身械放在近旁，心惊胆战地度过在林海的一夜。

一天，接近黄昏时分，潘德明沿着野兽踩出的小路缓缓而行，发现秃鹫在蓝天上盘旋，不时发出长声啾啾啼叫。曾听老猎手说过，猛禽翔集，大抵有恶兽相斗。潘德明立即找寻一棵比较容易攀登和掩蔽的大树，登上一望，瞧见不远的小溪边，一头肥壮、猛恶的野猪，张嘴露牙，迅猛地朝几条豺狼冲去，但在野猪后，另外几条豺狼却扑了上来，狠狠在野猪屁股上咬了几口，被咬疼的野猪大叫一声，调过头冲向后面敌人，不提防前面

力与美融合的体育人生

被迫之敌却变逃跑为进攻。被包围的野猪几经冲杀,逐渐失去先前锐气,坐在地上盯视着豺狼群,大约相持了十多分钟,豺狼群发动猛烈进攻,它们一声长嗥,闪电般扑向猎物,在疯狂的扑打撕咬和嗥叫声中,野猪已遍体鳞伤,浑身抖动,完全丧失了自卫能力,只听震动山冈的一声怪吼,野猪已被撕咬断,叼着野猪肉的豺狼窜进密林。

这场野兽的恶斗,潘德明看呆了。他的心头很不平静,又怕再遇凶兽难以脱身。因此,后来就晓行夜宿,走出扁担山直奔素辇,及至丛林边缘的重镇,赛象之举已经结束。

1932年1月,潘德明横跨波斯高原腹地,路经德黑兰来到寸草不生的旱海。阿拉伯人都竖起拇指:"了不起,在这个老虎都不敢离窝的天气,他却一个人骑车赶路,勇敢,真勇敢!"却说潘德明来到旱海,"大漠风尘日色昏",迷迷茫茫,四下里尽是蜿蜒起伏沙丘,一点绿荫也没有。这时虽一月下旬,沙漠中烈日却有如一团火球,使一望无际的旱海仿佛在燃烧。他不敢多喝水,只在干渴得连舌头也不能打转时,才喝上一小口。当太阳从浑浊的天边掉下去时,黄昏的晚风给荒漠带来一点凉意,随着惨白的月儿慢吞吞升起,气温急剧下降,他先是蜷缩成一团,披上所有衣物,仍禁不住上牙打下牙,过后他索性跳了起来,作操、打拳……最后顶不住困倦,他酣酣入睡了。第二天天色微明,他又骑行在大漠古道上。由于极度疲劳,感到浑身上下解体似的难受,他终于昏倒在沙漠中。……不知多长时间,他觉得地面的轻微震动,是骆驼队,他呼叫,却叫不出声,只好用无力手臂摇动白色的衬衫,这种呼叫信号是容易被人发现的。这支骆驼队立即有人到潘德明身边抢救,他苏醒了,用阿拉伯人礼节,亲吻了异国朋友们。这番波折使他进一步懂得"行百里者半九十"的深刻道理。

1932年2月,潘德明来到巴格达,他将要穿过伊拉克西部高原,从叙利亚南部沙漠进至大马士革,这又是一段艰苦的历程。他选择这条路线的目的,就是要在险象环生,危机四伏中,进一步锻炼自己的体魄和意志。

一天下午，潘德明未听一位小镇居民的告诫，鼓起余勇，想赶过一个山隘。黄昏慢慢降临，前面的村落仍隐没在山的那一边，他寻思这天夜里又得露宿荒野了。忽听身后响起一阵急促的马蹄声，他回头一看，十多个身披黑色大氅，以黑纱蒙面，只露出一双眼睛的彪形大汉，已飞奔到眼前。不用说，这是《天方夜谭》上阿里巴巴弟兄们了。潘德明慌忙翻身下车，站定恭候。这时只见为首的那个人是一个偏脑袋，几个人同时跳下马，其中一个解下大氅，不由分说，劈头盖脸把他包了起来，捆扎定了，只听得叽叽喳喳一阵议论，大约是把他的自行车和简单行囊，也被捆扎好搬上马鞍。一声呼哨，潘德明身不由主地被一双粗壮的胳膊抱上马背，然后阿里巴巴弟兄们带着可怜的猎物凯旋了。当了俘虏的潘德明，这里真是忧虑重重，死并不可怕，从《天方夜谭》和旅行家的记述中可知，沙漠遇盗，被杀害是有可能，但更多的可能是勒索珠宝时用酷刑，他担心因此致残无法走完全部路程。马蹄的偶一颠动，都使他身上有受刑感觉。不知拐了多少弯，只觉时而向上登攀，时而又跨过峡谷，几声彼此应和的嗯哨，马群停住。过后似乎通过什么甬道，马儿走得很慢，蹭声发出很有节奏的回响，最后停下来了。一阵阵喇喇的声响，人从马背上跳下的沉重脚步声告诉潘德明，强盗的巢穴到了。当他被挟持着走过七弯八拐的山道，听见嘈杂的互相打招呼和粗鲁对话以后，他被带到一座比较宽敞的山洞里。解去蒙在头的大氅，他感到头晕目眩，定了定神，才发现迎面坐定一个并不粗壮的中年人，只是一双逼人的鹞鹰似的眼睛有些使人胆战心寒。显而易见，这位就是这座山寨的首领了。

"你是香客？"首领用阿拉伯语问潘德明。

"是的，我是从东方，从中国来的"。潘德明用阿拉伯语回答。

"带多少珍宝？"

"我是孤身旅行者。"

一阵耳语，翻捡出的旅行认物、照相机、炊事用具、小铜锣、指南针、手表、自行车和厚厚一本《名人留墨集》一股脑儿搬到首领面前来了。

那首领一摆手，将潘德明带到洞里另一个地方，潘德明不安地等待拷打,一阵皮鞭、木棒,打得全身疼痛难忍。真是:屋漏偏遭连夜雨,行船又遇顶头风。

他被打昏后被强盗用马驮到路边,不知何时他再次苏醒过来,他站起来向保加利亚前进,在这里他千辛万苦翻越积雪皑皑的巴尔干山脉……

1937年6月,潘德明历时7年环游世界,由缅甸回国。回国后他还志愿赴青藏考察,由于爆发抗日战争,未能如愿,但他立即将各地华侨资助的巨额美金捐献作为抗日资金,表现了中国人民高度的爱国思想和高尚民族气节。这才是:连天烽火苦刀兵,落日何堪照孤城。借得玄奘芒鞋杖,只身勇作万里行。

世界级探险"怪杰"

依旧是冰封雪冻的季节,被白雪和冰河包裹着的主峰,在夕阳辉映下闪烁着耀眼的光芒。"天若有情天亦老",如果冰峰有情,也会为植村直己的壮举一洒敬佩之泪。

1984年12月12日下午6点50分,这个被称为世界超级探险家的"怪杰",在严寒的冬季,只身一人,在别人难以想象的情况下,登上了北美洲最高峰——麦金利山峰,获得了前所未有的成功。

登山家们谁不知道,麦金利山绝对禁止单人攀登。因为,这几乎是死亡和失败的同义词。

"探险家如果停下脚步,就不能称其为探险家了。"这是植村的信念。他通过自己的行动,不断追求生命的活力。他历尽千难万险,登顶成功。

但是,在归途中,植村曾向飞翔在空中的飞机挥手致意,以后再没有消息。在白雪与冰河中，他失踪了。

他朝着麦金利上空的飞机，默默无语地挥手，那是他最后的形象。

植村，你在哪里？

1941年2月12日，植村直己出生在日本兵库县城崎郡日高町一户农家。他小时候少言寡语，上学时也是成绩平平，很不起眼。

"爸爸，我长大了，一定要争个世界第一！"

他曾有过这样的豪言壮语，但父亲根本不相信儿子的话。

后来，植村考入明治大学。一个偶然的机会，使他进入大学的登山俱乐部。初次登山，是攀登有"日本屋脊"之称的北阿尔卑斯的白马岳。植村背起30多公斤的行装，拼命在山路上攀登。因为他个子小小的，又爱摔跤，人们给他起了个绰号："橡子。"

登山俱乐部成员大多是些体格健壮、意志坚强的硬汉子，没多久，植村就被甩在了最后。后来，还是高年级同学帮他拿着背包，比预定时间晚了几个小时，直到半夜才抵达营地。

植村想退出登山俱乐部，给他当保证人的叔叔知道了，把他训斥了一顿："你这副样子真不成器！男子汉做事，一旦下了决心，就不能轻易放弃！"

植村改变了主意："从明天开始，发奋训练。"他说到做到，马拉松、柔软体操、兔跳，背上沉重的背包，往返十几次地从一楼跑到楼顶，再做俯卧撑100次……

就这样，植村逐渐培养起坚强的体力和毅力。升入大学高年级后，他已成为登山队主力队员之一。在这期间，他积累了不少登山经验，几乎爬遍了日本所有的山峰。

这时，他产生了一个强烈的愿望："哪怕只有一次，也要登海外的山峰，亲眼看看从照片上看到过的大冰川。"

升入大学四年级后，其他队员都在考虑毕业后的就业问题，而植村却放弃了就业，专心于半工半读。他来到建筑工地当小工，在脚手架上爬来爬去，挣下了一笔钱。

　　1964年5月2日，他告别故乡，前往美国。他本想去攀登欧洲的阿尔卑斯山，但缺少经费。于是，他想去美国工作一段时间，积攒一些钱再赴法国。

　　在横滨出境，他的登山背囊中塞满了登山用具。还有在上野买到的帐篷、高年级同学赠送的睡袋、朋友送的登山用石油炉、收音机、地图、指南针、替换衣服……

　　这个日后被誉为"天才探险家""登山超级明星"的植村直己，第一次海外旅行就是在这样的困境中开始的。当时他只有单程的机票和仅仅100美元的钱……

　　从此以后，植村直己开始向世界五大洲最高峰挑战，经过千辛万苦，于1965年夏登上了非洲最高峰乞力巴扎罗山的顶峰。随后于1968年2月15日，他只身一人登上海拔6964米的南美洲阿空加瓜山顶峰。1970年5月21日，他与松浦辉夫一起登上了世界第一高峰——珠穆朗玛峰，这一年他才29岁。征服过四大洲最高峰的植村直己，只剩下一座山没登过，那就是北美洲最高峰麦金利山。"无论如何也要去登麦金利山！"

　　植村有了这样的想法，也有了这样的行动，1984年8月他只身启程前往麦金利山所在的阿拉斯加。8月26日气温零下21摄氏度，他登上了35度严重倾斜的冰面，于13点15分终于登上6191米的麦金利山顶峰。

　　植村直己几乎没有时间来品味自己的成功。这个征服了五大洲高峰的人，还曾做过另一种探险：单人驾狗雪橇闯一闯北极圈、北极点和南极洲。

　　第一步是进入北纬66度33分以北的北极圈，那里是一望无际的终年冻结的大冰原。"只身乘坐狗雪橇，踏破12000公里北极圈"——为了实现这个理想，植村于1972年9月来到北极圈内的格陵兰岛最北端的一个村庄，准备一年的时间向爱斯基摩人学习狗拉雪橇的技术，并且习惯于极地严寒的气候和生活。

　　在这里，他度过了长达四个月的终日不见阳光的极夜生活，学会了吃生肉和狩猎生活，同时学习爱斯基摩语，进行有关冰土的调查研究。在掌握了驾狗雪橇的技术后，先尝试着用四个月工夫进行了一次往返行程3000公里的旅行，获得成功。接下来，他便开始了北极圈12000公里的旅行，这是1974年12月29日。植村乘雪橇跑完全程是前所未有的壮举。没有食品，自己钓到一种欧西奥鱼果腹。他在零下45摄氏度的严寒中，一个人孤独地前进。这个伟大的探险家，就是这样以无与伦比的果敢和坚韧，顺利地到达阿拉斯加。

1978年3月5日，植村带着DC数据收集发射机，驾"极光号"雪橇，向北极点进发。

他同巨大的浮冰群展开了搏斗，用铁棍把巨大的冰块敲碎，开出前进的道路。他遭遇凶狠的白熊，将帐篷里的食品一扫而光，自己也差一点被白熊吃掉。经过近两个月的苦斗，4月29日18时30分，他终于抵达北极点。他用科学方法测量，确认自己已站到北极点上。这时候太阳一整天都能见到。这就是极昼现象——闻名世界的奇景，一天24小时都是白昼。

由于植村直己在登山和北极探险中的壮举，1979年，他荣获英国"勇气体育"奖——这是人们公认的世界上的"最勇敢者"才能获得的奖励。

植村直己的勇敢，震动了世界。许多国家的舆论工具都发表评论，称植村为20世纪"最勇敢者"，他是当之无愧的。

更为难得的是这个人的谦诚。当他第一次为日本征服安纳布尔纳峰，作为登顶队员，他放弃了凯旋日本的荣耀。他在勃朗峰登顶成功后，一个人默默地在阿尔卑斯山岩石后，无人知晓，像悄悄开花的火绒草，融于自然之中。对教自己驾狗雪橇技术的爱斯基摩长者，他都称父亲、母亲。他那春风般的心地，感动了无数的人们。

他再也没有归来，没有踪影，没有消息，没有留下一句话，便永远地留在麦金利山白雪皑皑的群峰之中。

他来自大自然，最后又复归于大自然。

力与美融合的体育人生

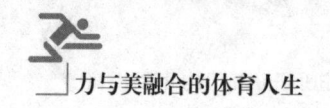

对自己狠一点的"铁人运动"

1978年,夏威夷瓦湖岛上的几名美国海军官兵在酒吧饮酒聊天。因为当时夏威夷经常组织自行车、游泳、马拉松等国际大赛,他们之中有人说:在瓦湖岛上骑自行车环岛一周比跑檀香山马拉松更能消耗体力。但也有人认为,在瓦湖岛的瓦基基海岸游上一圈(两海峡之间)则最能体现人的耐力。彼此各执己见,争论不休。到底在夏威夷举行哪项国际性大赛最有挑战性,最考验人?是渡海游泳,还是环岛骑自行车?众说纷纭,各执一词。最后,驻檀香山的美国海军准将约翰·柯林斯提出:"谁能一天之内,在波涛汹涌的大海里游3.86公里,然后骑自行车环瓦湖岛行驶180.2公里,再跑完42.195公里檀香山马拉松赛全程,谁就可以获'铁人'称号。"于是,考验人的意志和耐力的铁人三项运动应运而生。

1978年2月18日,在夏威夷举行了首次铁人三项赛,共有15人参加,14人抵达终点。首位铁人的成绩是11小时46分。第二年,有14名妇女参加这一比赛。其中一位叫林恩·勒梅尔的波士顿妇女名列第5名。以后铁人三项运动发展极快。

1983年铁人三项赛极为壮观,参加比赛的有来自27个国家和美国47个州的男女选手1000多名,其中年龄最大的男女选手分别是66岁和61岁,年龄最小的仅15岁。这一年美国举办多次铁人三项比赛,吸引了数以万计的人参加。后来,很快由美国跨州越海传到澳大利亚、新西兰、西班牙、法国、英国、日本等国。英国还举办了伦敦至巴黎的队际接力铁人三项赛:从伦敦出发跑到多佛市,然后游过英吉利海峡,在法国上岸后再骑自行车到巴黎。

跑马拉松本身就是项非常消耗体力的运动，而在自然水域中游泳数公里，在公路上骑车百公里之后再跑马拉松则更需要有超人的体力、耐力和毅力。如果没有钢铁般意志和极强健的体魄，要完成此三项一体的比赛成为铁人，几乎是天方夜谭，因此铁人三项运动具有独特的挑战性，是人类向自然挑战，向人类自身极限的挑战。从某种意义上说，铁人三项已超越了体育范畴，它不仅仅是强化着人们的体魄，而更是一种精神的象征。在体育竞技中，铁人三项赛是旗帜鲜明的反映出"重在参与"的精神实质。而这种精神又极富有魅力地向人们展示了一种新的荣誉观、英雄观和价值观，显示了一个民族的魂魄和一个国家的兴衰。

所以，铁人三项虽然从产生到今仅有二十几年历史，但却被世界上越来越多的人接受和喜爱。正式比赛划分为两类：一种是奥林匹克标准距离。包括游泳1.5公里、自行车40公里和长跑10公里。总长51.5公里。通常的国际比赛都采用这一距离。另一类是超长距离：包括游泳3.8公里，自行车180公里和马拉松42.195公里。

1989年4月1日，国际铁人三项联盟在巴黎正式成立。它已有182个会员国（地区）。1994年8月国际奥委会将其列入2000年奥运会比赛项目。

中国铁人三项运动始于80年代。1987年，在海南岛举行了我国首届铁人三项比赛。此后，铁人三项比赛以其迅猛发展势头在全国各地蓬勃展开，显示出旺盛的生命力。在第4届亚洲铁人三项锦标赛上，中国选手连创佳绩。女子青年组团体实现三连冠，个人包揽前3名。中国铁人三项迅速崛起被世人关注。国际铁人三项联合会主席麦克唐纳就曾在1991年说过："五年后，人们将对中国的铁人三项运动感到惊奇。"

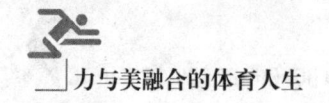

风靡全球的赤脚走路

有一天，古希腊哲学家索克拉特对学生普拉顿说："你是我的好朋友，不过，真理更可贵。当你没像我这样赤脚走路之前，你的思维将不会变得敏锐……。"

实践证明，学者的看法是对的。赤脚走路——这种很好的，但几乎被遗忘的锻炼方法，又在本世纪末复兴起来。国外许多科研机构正在深入探索赤脚走路对人体的作用及其机制。

人的皮肤表面布满了对冷热有知觉的神经末梢，即温热感受器。此外，脚底板也分布有这类感受器。鞋子为我们双脚虽然构建了舒适的环境，但只要脚一着凉，就要引起感冒。这是因为脚底板上的温热感受器和上呼吸道黏膜之间存在着反射性联系。脚一着凉，黏膜温度下降，于是伤风、咳嗽、嗓子嘶哑等症状跟着而来。

赤脚走路即能锻炼人预防感冒能力，又能通过按摩脚底板诸多穴位，起到健身防病作用。脚底的反射范围广泛，如经常按摩脚底涌泉穴就有降低血压的作用。医学研究证明，脚是人体"第二心脏"，脚的健康，不但关系到整个身体健康，而且和人的寿命有很大关系。俗话说，"人老先从腿上老"，腿是身体支柱，脚是腿的基础，脚不衰老，人的寿命就会延长。因此有人称赤脚走路是第二心脏健身法，也是抗衰老健身法。

早在70年代初，苏联人就兴起赤脚走路之风。他们多是开始脚穿袜子先在地板上走一段时间，然后再过渡到赤脚走，早晚各走15—20分钟，每天递增10分钟，直到增至1小时。一个月后可以出屋子，在院子、花园里和街道上行走。霜降时，有锻炼的人，完全可以踏霜走。

在非洲，赤脚走路几乎是习以为常的了，有许多人赤脚走路和赤脚跑步并举。

在中国台湾，近些年风行健康步道健身法。这是一种赤脚走在鹅卵石上的一种赤脚走路方法。

位于台北忠孝东路孙中山纪念馆旁的树林里，吸引了很多认为脚底按摩有助健康的信仰者。虽然一开始赤脚走在小鹅卵石砌成的健康步道上，脚底可能有些疼痛，但如果能忍受一两个星期的痛楚，就会习惯于赤脚在鹅卵石上行走。

台北中山纪念馆旁首先兴建的那条长30余米的健康步道，由于颇受人们的青睐，这种健身法很快传到了台湾每个角落。稍有规模的公园和绿地，几乎都修建了这种以鹅卵石砌成的健康步道。其面积之大，可容纳数百人同时在上面做脚底按摩。从事过这种运动锻炼的人都认为，每个星期在健康步道上散步1—2次，每次走30分钟时，就可排除体内一些障碍，而百病不生。

在我国大陆，不少城市公园和绿地旁也开始修起了鹅卵石步道。有的地方还开展了"健康步道万里行"活动。可以预见在未来，赤脚走路、包括健康步道活动，将随着全球健身热的兴起，会愈来愈受到人们广泛的重视。

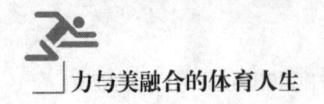

方兴未艾的探险运动

你死攀住冰瀑，心跳怦怦，气喘吁吁，往上看，云空摇晃；向下望，头晕目眩，脚趾轻轻一滑，就会粉身碎骨，多可怕！这情景真像是一场噩梦，但对那些兴致勃勃的冰瀑攀登者来说，却是在欣赏着经过拼死搏斗而得到的奇妙景观，心中充满着一种"会当凌绝顶"的喜悦和自豪。

许多证据表明，人类在心理上具有"寻求刺激"的倾向，喜欢猎奇和引起轰动。心理学家朱可曼把寻求刺激者分为四类：探险者、寻求非凡经历者、纵欲主义者、标新立异者。而体育运动中的探险运动，正是那种鼓励人们勇气、好奇心、创造力的积极的社会行为，因此，特别是现代社会，备受人们的喜爱。探险运动的内容在日新月异的发生变化。至今探险运动有多少种类？恐怕没有人说清楚。不过70年代以来，下列探险运动比较流行：

攀冰瀑也叫攀冰柱或攀冰。人们都知道在冰面上行走都须倍加小心，以防滑倒跌伤，而要攀上数百米甚至上千米笔直陡峭、光滑如镜的冰瀑简直让人无法想象。然而，这项运动发源于英国18世纪，延续至今。90年代风靡欧洲和北美国家。许多国家成立了攀冰俱乐部、攀冰学校，并且从中产生了一批职业攀冰者。法国的马克·怀特就是其中优秀攀冰者。他在美国科罗拉多州仓科斯峡谷，攀上一座3000多英尺冰瀑。他事后感慨地说："攀冰很危险，但优秀攀冰者越是艰险越向前，在洁白如玉、冰晶耀眼的顶峰上，我似乎也变得透明了，头脑中一片空白，思维停止了，此时此地，是我抛弃世欲的唯一方式……"

攀冰分单人、双人、多人等几种。单人攀冰大多是职业选手，他们攀冰时有的不用任何器具保护。双人攀冰，多采用绳索保护，有经验的攀在前面。毫无疑问，攀冰万分危险，稍有不慎就可能坠入万丈深渊，粉身碎骨。攀冰是向困难搏斗，是向死神挑战的运动。

每当看到运动员在30米高跳台上准备跳入下面仅3.40米宽水池时，在场的观众都屏住呼吸。他能否跳入水中？每个跳水的人，无疑在跳水时死亡在陪伴着他。

死亡跳水由悬崖跳水发展而来。20世纪90年代墨西哥、美国经常举行跳水表演或比赛。

美国人迪安·惠特克及其所属跳水小组经常在欧洲进行巡回表演。小组的每个成员都能完成这种"死亡跳水"动作。惠特克是他们之中最有经验的跳水队员。他经常参加在墨阿卡普尔科举行的美国——墨西哥跳水比赛。参加者都要在著名的悬崖上跳水。为此，他每天要训练5次。此外，有时习惯动作会变得很危险。前不久，他的一条腿曾碰到池边，这迫使他更加提高警惕。

海底洞探是一项新兴的极富刺激的探险运动。它与黑暗共存，与危险同在。它不同于海底游泳，也不同于普通海底探险。海底洞探不需要你多么健壮的体魄，而需要你有超凡的胆量、气魄和非凡的心理素质。因为你面对着陌生的黑暗的阴森恐怖的海底洞穴，你会遇到想象不到的险情，诸如，受到海底各种凶猛生物的攻击，突然陷入各种激流漩涡，突然痉挛或被海底寒冷冻僵……。海底洞探有惊险也有欢乐。当你通过夹缝隧道来到宽敞的洞穴中，透过灯光，你所看到的是千姿百态、奇形怪状的岩石，你在洞中忽上忽下，忽左忽右，犹如空中飞舞的彩蝶，置身于光怪陆离的海洋洞穴新奇的世界，非身临其境是不能感受到的。

早在50年代，佛罗里达州的探险者就开始了海底探险，限于技术和设备不足，当时无法开展海底洞探。

美籍加拿大人杰伊·科克伦抵达中国奉节。10多年来，他以自创自破

力与美融合的体育人生

高空走钢丝世界纪录而获得"世界高空王子"的盛誉。这次，他专门从美国带来一条特制钢丝。10月28日，科克伦用53分10秒时间从一条高405米、长640.75米的钢丝上跨越夔门，获得世界纪录奖证和10万美元奖金。中国新疆达瓦孜传人阿地力，在三峡夔门潇洒跨越，一举刷新美籍加拿大人科克伦53分10秒的原纪录，使高空走钢丝的世界纪录上第一次刻上中国人的名字。

高空走钢丝自然是一个勇敢者探险活动，它不仅要求人体有很强的平衡能力和体能，而且要求有极好的心理素质。人在钢丝上行走，下面是离地405米的滔滔江水，人走在江中（钢丝中央）钢丝剧烈晃动，手持平衡竿也上下摆动的厉害，这时必须很快地做好调整，这需要有多么大的勇气和必胜信心。

90年代以来，一项探险的嬉耍跳伞运动在不少地区兴起。已跳完高楼、巨塔、桥梁、悬崖四项者有百人以上。跳过其中一项者（至少一项）有2000多人。

首次试跳延迟拉伞成功的是美国人伊尔文。他于1919年从高空600米下跳，离地面200米才拉伞。到1935年有人从万米以上高空跳下，延迟离地面90米才开伞，获得成功。

联邦德国运动员恩吉·贝伊开创了带板花样高空跳，他跳下时仰躺在木板上，从4000米高空坠落，借空气浮力，能长时间在空中缓慢滑翔，在空中完成盘旋、旋转、滚翻系列惊险动作。法国运动员还在空中进行空气冲浪运动，在空中操纵冲浪板像在水上作冲浪运动一样的倾斜，拐弯接近地面时才去掉冲浪板。法国运动员普里厄从4000米高空飞机徒手跳下，然后在空中接过另一位跳伞同伴给的伞竟安全降落。

人类之所以能够不断发展进化，其主要原因之一便是好奇和不断探索、进取。海底、宇宙的神奇，洞穴的奥秘深深吸引着众多的探险者，人们不会因为有危险便望而却步，反之会不断地探索，正如人类注定要继续发展一样。

大漠深处的车轮声

有人说巴——达汽车拉力赛，以时间长、距离远、条件艰难、途经国家多、参赛人数多而享誉于世。各国优秀赛车手和汽车制造商，都以能征服这条困难重重的路线为最高荣誉。因此，该比赛自1979年开办以来每年一届，愈办愈红火。

巴——达汽车拉力赛是现代体育运动中的一个畸形儿。70年代末，法国有几位青年冒险家为了寻求刺激，提议搞一个"纵跨"世界的汽车赛。法国赫赫有名的冒险家赛车手蒂埃利·萨宾在其父吉·萨宾的支持下，在1979年成立了TSO公司，开发了这项比赛。没想到一开发就不可收拾，尽管每届比赛均出现人员伤亡事故，但参赛车辆却逐年增多。到1988年第10届比赛时，竟达到602辆。

蒂埃利·萨宾在1979年元月1日举办了首届比赛，大约有200多辆车参赛。比赛从巴黎出发，经北非和西非，最后奔向大西洋岸边——塞内加尔首都达喀尔，历时22天，全程约13000公里。选择这条路线的原因是，所经国家与法国关系良好，另外，途经杳无人烟、风沙弥漫、气候酷热的撒哈拉沙漠，行走十分艰难，给比赛者带来无比的惊险与刺激。

尽管比赛沿用国际汽车运动联合会颁布的某些标准，但比赛组委会为吸引更多车手参加，对车手没有任何限制。只要能开车的人，都能参赛，所以参赛车手中有职业车手、业余车手、作家、记者、演员、夫妻和兄弟，甚至有英国首相的儿子……另外，组委会对参赛车种也没有限制，有专业赛车、卡车，有普通汽车、摩托车，甚至还有自行车，可谓五花八门。

力与美融合的体育人生

每年元旦，成千上万的大人小孩在白雪纷飞的清晨，从四面八方拥向巴黎郊区凡尔赛宫外，观看世界上最大型汽车拉力赛的发车。排在蜿蜒公路上的几百辆型号各异的赛车，其闪烁的车灯宛如一条银色长龙，成为巴黎新年的一大景观。

法国权威的《世界报》评论说："巴黎——达喀尔比赛之所以成功，正是由于每个热爱汽车运动的人都有同样的机会去经受沙漠罗曼蒂克和冒险"。

第13届巴——达拉力赛于1990年12月29日发车，1月17日抵达塞内加尔首都达喀尔，历时20天。本届比赛途经法国、利比亚、尼日尔、马里、毛里塔尼亚和塞内加尔。全程9867公里，是历届比赛中路线最短的一次。

参加比赛的车手来自法国、苏联、日本、芬兰、比利时、奥地利、韩国、德国、英国。主要车队有法国的"雪铁龙"、德国的"奔驰"、苏联的"卡马"和法国的"佩尔里尼"卡车队。摩托车多是由日本生产的雅马哈、本田、铃木及意大利制造的卡吉瓦。

12月29日清晨，403辆赛车从法国万塞纳堡出发，在法国境内完成430公里和450公里两个通过赛段（通过赛段不计成绩）。其中只有5公里赛段，这是为了让车手在到达非洲之前排车顺序和上渡轮的顺序。驾驶"雪铁龙"赛车的芬兰人阿里·瓦塔内一开赛就排在第一位。

从欧洲本土到非洲大陆，中间相隔地中海，因此，赛车途中要用几条巨轮摆渡，也成了比赛的一大特色。12月31日，车队在马赛登船，次日到达利比亚首都的黎波里。1月2日，比赛正式开始。

比赛设17个赛段，长6747公里，全部行驶在非洲大陆上，其中600公里以上的赛段有三个，最长的嘎特——吐穆（利比亚境内）为681公里。在这段线路上，沙漠中有时隐现岩石，给赛车手带来意想不到的危险。

拉力赛的赛车，行驶在非洲基本上是黄沙覆盖，无人走过的沙漠地带和巨大沙丘之间，酷旱再加上高温，这使人与赛车都经受极限般的考验。从历届参赛情况看只有1/3的赛车能抵达终点，从淘汰率之高可以想象竞争之激烈。

在比赛中，车手平均每天开车12小时。据前几届比赛统计，取得名次的运动员每天至多睡三四小时。引擎在超负荷运转，人和车辆在大沙漠艰难进行，日复一日，人的体力近乎衰竭，精神极度疲惫。几乎每天都有人垮下来，但不少人仍然不屈不挠地顽强地向似乎遥不可及的目的地奋力前进。

驾驶"三菱"车的日本人志之冢以1小时5分48秒，第一个驶完吐穆（利比亚）—迪尔库（尼日尔）601公里赛段，爆出了本届比赛一大冷门。谁知他还没高兴48小时，在尼日尔发车不久，精神一恍惚就撞上岩石翻车，人受伤了，被直升飞机救走。

80％的赛车由于各种原因，无法跑完13000多公里的赛程。艰苦的日日夜夜，时时都有赛车或赛手垮下来，这部赛车遇到的麻烦看来是无法维修了。

安全问题一直是组委会头痛的问题。目前比赛使用的赛车，马力高达600匹，速度极快，因而，在比赛中翻车、撞车事件屡屡发生。《鹿特丹日报》指责：巴—达汽车拉力赛是"沙漠上的死亡之赛"。在1988年第10届比赛中就有6人丧生（其中3人是观众）、21人受重伤，引起国际社会的广泛关注。

巴—达汽车拉力赛最严重事故发生在1986年第8届比赛中。比赛发起人蒂埃利·萨宾乘直升飞机监督比赛，结果遇上沙暴，飞机坠毁，他和同机的5人葬身沙海。这对拉力赛是一巨大损失。他父亲吉·萨宾接过儿子的事业，在第二年接着举办拉力赛，他的行动令不少车手感动。

汽车拉力赛每到一地，就带去一大批车手、记者、官员2000多人及数百辆汽车和20多架飞机，把仅万人的一个沙漠小镇搞得乱哄哄。据透露，举办一次巴—达汽车拉力赛要耗资3亿法郎左右，这个数字大约是尼日尔全年国民收入的1／4。为此，国际汽车运动联合会主席让·巴勒斯托多次呼吁停止这种疯狂、浪费的竞争。

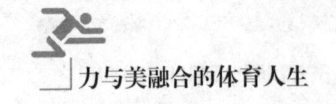

据统计，汽车拉力赛自1979年开始至今，已有26人在比赛期间丧生，其中有村民、记者、赛车手和组委会官员。但是，每次比赛大多数赛车手、领航员以及维修队员在经过沙丘、丛莽、山岭、荒漠、泥泞、酷热、寒冷和沙暴之后仍不挠不屈地向大自然挑战，继续前进。他们认为如此艰辛的比赛，对人不仅是意志、体力的严峻考验，而且也是生与死的抉择，所以不论输赢，参赛本身就是光荣，都应该被称为英雄。

天方古舟万里行

在台风暴雨肆虐的季节，一艘小巧玲珑、古色古香、名为"苏哈尔"号的阿曼仿古木帆船，奇迹般地穿洋过海而来。7月1日上午，冒着滂沱大雨，驶入我国广州黄埔港，胜利完成了历时216天、长达6000海里的航行。"苏哈尔"号为什么要孤舟远航？一路经历了怎样的艰险？

天气晴和，风平浪静，正在大家享受旅行乐趣的时候，突然间飓风迎着船头刮来，接着大雨倾盆而下。船忽然腾向空中，随即落到海面，随着霹雳似的轰响，海中接连出现三条大山似的鲸鱼……孤舟被鲸鱼包围，眼看就要被吞掉的时候，一个大浪把船打到了礁石上，摔得粉碎，落海的辛伯达挣扎中抓住了一块破船板，开始了又一次海上历险生活……

这是著名的阿拉伯民间故事集《天方夜谭》（即《一千零一夜》）中，辛伯达故事的片段。天方，是阿拉伯的泛称。辛伯达是个酷爱航海旅行的阿拉伯人，虽然途中遇到鲸鱼、神鹰、巨蟒、魔鬼，几乎丧失生命，但他向往异地风光的强烈愿望和探险精神，鼓舞他一次又一次出海远航。他在历时27年的第7次航行中，到达过我国沿海。辛伯达是否确有其人，有待考证。但公元8世纪，阿曼著名的航海家艾布·阿比达，确曾驾驶木帆船到达中国，千余年来一直传为佳话。为了纪念阿比达，为考证辛伯达故事的真实性，再现阿曼人民的勇敢探索精神，阿曼招来国内造船的能工巧匠，决定仿造一艘1000多年前阿拉伯远洋船队中的双桅木帆船，沿古航道，用古代航行术做一次阿曼至广州的航行。有趣的是，造船活动一切都按古老的传统方式进行：木材从印度森林砍伐，用大象拖出。避免使用现代化木工工具。全船不用一根铁钉，而用木榫和棕绳联结一块块船板。接合的缝隙中灌上树胶，以防渗水。船上不装发动机和现代航行设备，完全靠风力航行，靠日月星辰来辨别方向。阿曼国王卡布斯亲自以号称"中国门户"的阿曼"苏哈尔"港为船命名。

1980年11月23日，在隆重礼炮声中，勇敢的水手们驾驶着苏哈尔号，离开阿曼首都马斯喀特港驶向广州，人们称他们此行为"现代辛伯达航行"。

远航而来的阿曼海员，看来并不无倦意。风吹日晒，给他们的皮肤"镀"上了一层油亮的光泽。当我们怀着极大的兴趣问到他们的海上生活时，船员赛义德告诉我们说：有诗意，更有严峻的考验。航行顺利时，我们生活较有规律。清晨，在甲板上，看凶恶喷薄而出的红日；傍晚，在玫瑰色的晚霞中钓鱼、弹唱、游泳；夜晚，海天一色，繁星闪烁，引起我们对古代辛伯达航行的种种追忆和遐想……

可是，一场突如其来的风暴，把"苏哈尔"号卷入了深海，远离了航道。有40年航海经验的老船工贾迈阿，凭云彩判断了方位，我们才驶回浅海，到达斯里兰卡加勒港。

从斯里兰卡至新加坡，要横渡印度洋，是我们这只小船艰险的历程。4月10日，快到苏门答腊岛时，飓风掀起如山的白浪，哗哗地向小船砸来，仿佛要把它按向海底。我们都接受了最剧烈的颠簸考验。以往的经验告诉我们，越是危险的时刻，越要冷静、沉着。大家各自坚守岗位。一个巨浪砸来，只听"咔吧"一声，主桅的横杆被打断。船一时失去了控制，而断杆又打在了贾迈阿的腿上，霎时肿了起来。他一声没吭，迅速用传统方法将椰枣和盐捣成泥，敷在伤处。大家赶紧用一节断杆，支起张小帆，艰难地驶出了险区。

听到这里，人们关切地问起贾迈阿的伤情。他笑着说："几天就好啦！"他还高兴地告诉中国朋友，他出生在航海世家，从小在船上长大，很注重锻炼身体。双臂练得粗壮有力，船在颠簸行进中，几丈高的桅杆，转眼工夫他就能攀到顶端，因此同伴们都称他为"海猴"。他伸出强而有力的手臂说：没有它是不能远航的！

横渡印度洋，原计划用一个月，但是，因为季候风减弱，船行得特别慢，有时眼巴巴地看着海岸，就是靠不上，时间整整延长了一倍。那些日子里，骄阳当头照，甲板上无遮无盖，晒得人浑身发烫。狭小的船舱里，船员们像罐头里的沙丁鱼一样，挤在一起，闷热难当。尽管天热，但谁也舍不得用船上宝贵的日益短缺的淡水洗澡，热极了，索性就跳进大海游个痛快。逢到下雨，大家都接雨，以供饮用。

在食物方面，他们也依照古时的安排，以阿拉伯大饼、椰枣、水果为主。但是，随着时日的拖长，眼看也不够了。怎么办？一贯以乐观著称的年轻水手穆斯拉姆，开始钓鱼，补充食物。3月15日，他钓到一条十几公斤重的鲨鱼，同伴们赶忙一起动手把它戳死。也许是凶猛的鲨鱼闻到了血腥味，不一会儿小船就被一大群鲨鱼包围了。这些"海中霸王"，一条条张开布满锋利牙齿的大嘴，扬波掀浪，乱冲乱撞，像是要把小木船咬碎吞下去。饥肠辘辘的船员们不顾危险，一同动手，你钓我拉，不到半小时，16条大鲨鱼就上船了。他们美美地吃了三条，其余用盐腌制起来。船员阿卜杜拉风趣地说：那次吃了鱼，我饱了五天！好像再也没有比它更好吃的鱼了！

"苏哈尔"号船员强调，他们进行现代辛伯达航行，不是做无谓的冒险，而是在进行科学的探索。

船员大部分是中、青年人。他们的专业有海洋生物、海洋考古、潜水、航海、摄影等等。从启航之日起，他们就天天记航海日记，天天做海洋观察、拍照、采集标本。每次停靠，他们都上岸做考察。一个海员称赞说："苏哈尔"号船就是我们飘浮的"实验室"和"嘹望台"。

斯里兰卡宁静的浅海区，是热带观赏鱼的天然乐园。体态奇特，色彩斑斓的热带鱼，品种竟这样多！船员们怀着极大的兴趣，对资源情况、出口数量进行了了解，并向热带观赏鱼出口最多的国家提出了资源依据建议。在印度洋上，他们仔细记录了两次发现鲸鱼的情况。他们将向有关国际组织汇报，参与倡议在北印度洋建立鲸鱼避难所。在苏门答腊，他们不畏辛苦，进行了广泛的潜水海洋考察。瑰丽的水晶宫里，枝形俊俏的珊瑚树，五颜六色的棘皮动物海星、海胆，美丽的海葵，争奇斗艳，号称"美人鱼"的海牛不时探头探脑浮出水面。这些奇特的海洋景观吸引着他们不停地摄影、采集标本、做记录，白天在水里忙，晚上在舱里忙。面对丰硕的成果，他们高兴地说：一路的辛劳，由此都得到了补偿。

告别新加坡后，下一站就是广州了！天气陡下像有意再考验他们。6月15日凌晨，漆黑的南中国海上，八级风夹带着暴雨骤然而来。风吹浪打，雨脚如箭，整个大海像开了锅。约26米长、6米宽的"苏哈尔"号，像一片树叶，在浪涛中剧烈颠簸摇晃，桅杆被吹打得吱吱呀呀怪叫。忽听哗地一声，船帆被风扯成了碎片。小船失去了控制，船上气氛顿时紧张起来。船长赛弗林一面命令大家穿上救生衣，做好临难的准备，一面组织大家镇定地卸破帆，换新帆。在完全凭人力操纵的"苏哈尔"号上，这是十分繁重的劳动。船员一双双强有力的手臂，抓住茶杯口粗的缆绳，在有节奏的号子声中，把新帆一点点升上去，就像在进行一场紧张激烈性命交关的拔河比赛。哪知狂风像利爪一样犀利，新帆刚刚张起，就又被扯破，八个小时，先后四张风帆被扯得粉碎……

大海收敛了他的暴躁的狂怒。南中国海展现出特有娴静和妩媚的面容。期待早日到达中国的船员们，开始在甲板上翘首张望。6月29日，爬到桅杆上嘹望的水手赛义德，在地平线上发现两块黑云，惊叫道：大风从前面刮来了！当他睁大眼睛再仔细一瞧，原来是两个小岛，立刻兴奋地喊

力与美融合的体育人生

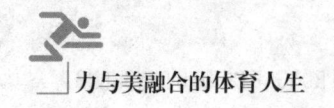

了起来:"中国!中国!看到了中国!"大家抑制不住激情,都跑到甲板上载歌载舞。副船长哈密斯说:"一路疲劳和风险顿时被抛到了脑后,最幸福的时刻到来了!"

船长赛弗林说,船上有个医生,但是大家健康情况都比较好,他"失业"了,成了水手。

40岁的赛弗林船长还兴致勃勃地告诉我们,他是个旅行探险的爱好者,4年前,他曾乘古老的牛皮船,从北爱尔兰横渡大西洋,到达加拿大,轰动欧美。他现在英国牛津大学、美国加利福尼亚大学做研究工作。在体育上,他坚持练印度的瑜伽健身术,"动作有点像你们中国的太极拳那样,身体练得很好。"

赛弗林说,我们都喜欢运动,我们船上有完整的一个足球队。在苏门答腊等地,我们还和当地球队比过赛呢!阿曼政府很重视青年的体育锻炼。这次"当代辛伯达航行"也是为锻炼青年的勇敢精神而组织的。他略略停顿,好像一路的风险从他脑际闪过,然后坚定地说:"航行是勇敢者的运动。只有不怕风浪远航的人,才能体会到其中的幸福。"

回归自然的绿色

我国东晋末年著名诗人陶渊明,写了一首《归园田居》,抒发他脱离仕途,回到家时,返回自然的喜悦。其中有两句是:"少无适俗韵,性本爱丘山……久在樊笼里,复得返自然。"陶渊明所生活的年代已过去1500多年了,今天的社会发生了巨大变化,生产力和人们生活水平今非昔比,然而诗人所提到的"久在樊笼里,复得返自然"的追求,却与今天极其相似。当然陶渊明在诗中所说的"久在樊笼里",主要是指所在时期官场的尔虞我诈。现代人们要回归自然,所摆脱的樊笼,主要是现代化城市环境污染。

　　人,永远不能脱离外界环境,因为人作为大自然的历史产物,是自然的一部分。可谓:"性本爱丘山"。人们所利用的一切物质财富都取自大自然。几千万年以来,人们向大自然索取所需要的一切,并不想破坏自然界的基础,但是,与生产力迅速发展紧密相连的科学技术革命,从20世纪中期开始污染了人类生活环境。现代文明社会,人们生活水平日益提高,劳动条件不断改善,人类生活内容发生了巨大变化。人们吃精米细面、穿人造纤维、住高楼大厦,房间里有空调,出门乘汽车、飞机,这个变化过程给人类带来了副作用,那就是同大自然接触少了。因此,富贵病蔓延,肥胖病、高血压、糖尿病、动脉硬化症在世界范围内大有增加趋势。这些病虽然各有自己的发病因素,但与环境污染、体力活动少、生活安逸、食物过精过细有直接关系。有的科学家甚至预言:如果人类不下大力气解决环境污染,今后1000年,世界植物将减少2/3,人口将减少一半。为了人类的生存和发展,为了人们的健康和幸福,不少科学家提出在未来新世纪,要在生活方式上返璞归真,回归自然。

　　返璞归真是人们在现代生活中对付富贵病的有效可靠的方法。即适当模仿原始人或古代人生活,按原始人方式进食和运动。如许多专家指出可生吃的植物到处可见,如萝卜、白菜、青辣椒、西红柿、香菇等。

　　推广植物生态建筑,也是未来新世纪人们追寻原始生活的一种体现。由于这种植物生态建筑对绿化美化城市,保护环境,增进人体健康都具有积极作用,因而受到人们普遍的重视。植物生态建筑主要是利用生长着的活树为主体,采用经过规整的树木做顶梁、柱子和替生墙体,其建造施工方法有"弯折法"和"连接法"两种。弯折法主要是利用树木的自然弯曲的方向,刻出缺口,人工培植使其长合,让树木长成房屋轮廓;连接法则是将破损的树木,再用枝条连接进来,用人工方法形成"连理枝",然后

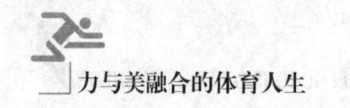

用其筑墙和建房。在这种新型的建筑里,常年绿叶葱翠,人们生活在这种"身居城市似住山林"的自然怀抱里,就能更好地生活和休息。

在车水马龙、喧嚣烦扰的现代化大城市,鳞次栉比的摩天大楼越盖越高。它们侵蚀了绿地,遮住了蓝天,使人类淹没在一片灰色的楼海之间。冰冷的墙壁和大片的楼房阴影令人窒息。高楼大厦造就了现代文明,同时也带来了"现代病"。人们比任何时候都更加向往大自然。为了使人类共同拥有绿色的清新环境,在美国"大地设计公司"的协助下,日本富士田公司在东京进行了一项名为"城市绿洲"的实验项目,旨在让城市回归大自然。这个项目运用高科技和生物技术,在楼群之间创造适宜植物生长的条件,栽花种草,为城市增添色彩,调节空气。

"城市绿洲"的一项实验是在写字楼顶部架设几个六面反光镜,外加玻璃罩。反光镜由电脑控制,向高楼底部的背光部分反射阳光,为花木的成长创造条件。另一个实验项目是栽种"悬浮树"。摩天大楼的底部多为大理石地面,虽然豪华洁净、纤尘难染,却使植物无处生根。"悬浮树"正是在这种条件下应运而生的。这种树穿过大理石地面,将根系悬于地下室的特制鱼缸内。鱼缸内鱼的排泄物和蒸发的水分通过根系带给树木,使其茁壮生长。

目前,这一工程仍处于实验阶段,而且造价很高,不宜推广,但它毕竟是人类营造自然环境的一种尝试。"城市绿洲"工程将会启迪更多的有识之士,城市的绿洲化将是大有希望的。

另外,美国科学家建造的"人造小世界",这是一个玻璃和钢结构的密封体建筑,占地一公顷,体积15万立方米。它的内部完全是一个模仿的生态系统:两个微型"海洋"、一个热带森林、一个泻湖、一片沼泽地和一块沙漠。另外还建有一些住所、实验室、电子计算机房、车间、一个图书馆、一个圆形剧场和几个娱乐厅等。生活在这个密封体内的人们不仅可以食素,也可吃羊肉或鸡肉等,但他们的生活只能靠自给自足。他们从外部能得到的仅是太阳能和"第一生命世界"——地球上的消息。回归"自然"之风从70年代末兴起，愈演愈烈，将来随着高科技的发展，人类回归自然将迈向一个新阶段。

极限运动受青睐

在美国加利福尼亚州的圣迭哥市，近几年每到夏季都举行独一无二的运动会——极端运动会。顾名思义，所有的比赛项目都具有极大的危险性，参赛者可能会受伤致残甚至丧命。然而，这个运动会却吸引着越来越多的参与者和看客，并逐渐成为世界上有影响的一项比赛。

1994年举行首届极端运动会，1997年6月中旬举行的运动会是第2届，来自各国的479名选手参加了10个项目的角逐。比赛时观众踊跃，尽管烈日当头，他们却兴趣盎然，全然不顾。各国电视台也纷纷转播比赛，据统计，共有172个国家的200万人观看了这届冒险运动会的电视转播。

在10个比赛项目中，最好看也最危险的是空中板上技巧，最具挑战的是穿越沙漠。空中板上技巧比赛为两人一组，他们从4000米的高空中跳出飞机，50米之内不打开降落伞，其中一人脚上绑着木板，在下落时做各种动作，而另一人用装在头盔上的摄像机拍片，评委们不仅看技巧的水平，还要看片子的质量。这项运动非常危险，在自由降落中，气流如同炸弹爆炸，如果不慎，很可能造成耳膜、眼底破裂、出血。为了追求刺激，技巧选手往往连头盔都不戴。

穿越沙漠则是另一番情景，参赛者要征服440公里的距离，分为5个赛段。运动员们从墨西哥沙漠出发，经过步行、跑、骑山地车、骑马、划皮艇和赛艇、攀岩，到达终点时已疲劳之至，在今年的参赛者中，只有40%

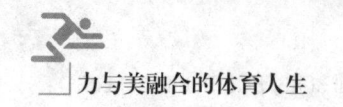

的选手坚持到底。人们都说，这简直是一场求生存的比赛。

俄罗斯女选手奥弗琴尼科娃是一个孩子的母亲，她已是第二次参加这项比赛，上次因为生女儿未能出场竞技，如今她卷土重来，一举夺得攀岩冠军，这也是俄罗斯历史上此项目的首枚金牌。

31岁的奥弗琴尼科娃曾是位登山运动员，由于她在登山上花费了太多的时间，1988年被供职单位炒了"鱿鱼"，她干脆全身心投入运动。在参加第1届极端运动会时，她结识了奥夫琴尼科夫，这位小伙子和她一样，对大山有着深厚的感情。他在爬山时不慎摔伤了脊椎，可半年后又开始了登山，这种精神感动了她，他们终于走到了一起。

极端运动会的奖金并不高，冠军只得5000美元，且参赛者食宿、交通均自理，但报名人数却逐年增多。今年组织者在观众中做了一项调查，如果到场观赛需买5美元一张的门票，90%的人回答没问题。

极端运动会的参与者来自各行各业，都是普普通通的人，他们利用业余时间从事超常的体育运动，其原因也多种多样，有的是为了松弛紧张的神经，有的是要回归大自然，有的是向自我挑战。不管他们抱着什么目的，这项特殊的比赛越来越引人注目。组委会主席丹尼斯说的一番话引人深思："这里没有开、闭幕式，颁奖时也没有奏国歌升国旗，不讲国界，不论肤色，所有人都是一个整体。"

在美国，仅轮刃滑冰一项运动即把一万人送进了紧急手术室，很多人都是因为频繁地撞倒在人行道的边缘上而造成骨折。美国著名自行车特技运动员拉文曾在一次事故中摔折了好几根肋骨，并且脾脏破裂，对此他只是付之一笑，因为极端运动的吸引力正是它的危险性。美国坦普尔大学心理学家弗兰克·法利指出，极端运动员都具有一种T型心理特征。具有这种心理特征的人都性格外向、富于创造性、渴望新奇和刺激。他们中间有些人在研究领域中发现，如爱因斯坦；有些却属于邪恶类，沉溺于吸毒和犯罪，以满足于惊险刺激的渴望；还有一些人专爱高危险性的运动。行为学家认为这些运动员之所以钟情于极端运动，是因为他们在脚跨安全和危险的分界线、站在死神的门槛之前时能产生一种极强烈的"生命感",感到自身的能力得到充分的运用,从而产生满足感、精神升华感,科学家也正从生物学的角度研究极端运动员,探索他们之所以不懈地追求惊险刺激是否系某种遗传因素作用的结果。以色列和美国的科学家们分别发现那些不断寻求新鲜刺激的人的体内含有一种基因,这种基因使得大脑对神经递质多巴胺具有特别敏感的反应功能。科学家指出具有这种基因的人可能对神经递质的快感诱导功能特别敏感,因而特别渴望保持体内的高多巴胺水平。保持多巴胺流畅的途径之一就是进行极端运动,途径之二则是服用海洛因之类的兴奋剂。

迪斯尼集团属下的埃斯潘有线广播公司敏锐地看到极端运动所潜在的社会效应,于1994年创办了"极端运动会"。1997年6月的第二届极端运动会更是盛况空前,400多名世界顶尖级的极端运动员齐集圣迭哥,个个都拿出惊世骇俗的绝招。运动会期间一大景观是全城百姓万人空巷地争睹马路滑橇竞赛。运动员身着皮护衣,躺卧在坚固的滑橇上,以130公里的时速在街面上呼啸而过,有时腾离地面四分之一寸。人们还纷纷拥向海滩。欣赏滑雪板运动员从90米高的人造雪台上跃起,翱翔于空中的英姿。青少年们更是争购极端运动会的服装,争抢明星运动员的签名。极端运动会的盛况反映了体育文化中一个新动向,很多人已经开始不满足常规运动的慢节奏。美国,作为一个有着革命叛逆历史、有着开拓传统、实行在风险中建立财富的资本主义的国家,本身就是一个T型性格的民族。可是,多年来美国的文化却渐渐形成了一种畏怯的氛围——人们把自己关在温馨安全的城郊社区的家中,一周28小时地呆坐在电视机前,极端运动就在这样一种情况下给那些具有T型性格的人提供了一个为社会所能容的发泄渠道。

极端运动的流行使企业界和商界迅速意识到它的价值,各大公司争先恐后地在推销自己产品的广告中加进极端运动的场面或借用它的新奇术语。百事可乐公司推销它的"高山之露"饮料的电视广告中是一个满脸饱经风霜的花花公子在山崖上奔跑，然后一边从电视发射塔的顶端上跳下来，一边高喊"高山之路（露）"。像耐克和雪佛莱这样的股市中走红的大公司也纷纷为极端运动会做赞助商，以争夺广大的青少年消费者。商界的这一积极参与也许意味着体育运动本身将出现重大变化——极端运动将成为21世纪的主流观众运动和大众参与运动。

棒球在美国人所喜爱的运动项目中无可争辩地位居第一，以致有这么个说法："要想了解美国，必先了解棒球。"然而，近年来，这一说法却遭到了挑战。坦普尔大学一名专门从事运动心理学研究的科学家提出："要想了解美国，必先了解极端运动。"

极端运动指的是80年代以来在美国和其他一些西方国家中新兴起来的一些高难度、高危险性、高刺激性的运动。例如：骑着自行车从崎岖的山坡上飞驰而下；脚踏滑板在万米高空中进行"天空冲浪"；手执镐凿在光滑如镜的冰崖上攀爬；身背降落伞从摩天大楼的顶端纵身跳下等。这些活动的一个最大的共同点是它们的极端惊险性，运动过程中人与死神相距只有咫尺之遥，而这也正是它的魅力所在。

极端运动的特点使得它们吸引了大量喜好惊险的人，尤其是广大的青少年。攀岩运动兴起之后至今不过几年，参加人数即已达50万之多。一种将滑雪板和滑水结合的水上运动（运动员在高速滑水中进行翻滚、旋转）在1991年时有10万尝试者，4年之后即已达75万之众。如今在美国，不论是在街头巷尾、公路两旁，还是在电视屏幕中，到处都有极端运动的踪影。在这些运动中，即使是最极限的项目也不乏狂热的追求者。"天空冲浪"才出现几年，现已有数千名从事者。这些有着专业经验的跳伞运动员脚上系着一块由石墨材料做成的踏板，从13000英尺的高空自由落下，像冲浪一般地在空中翱翔着，同时做着杂技般的翻转动作。此外更有一种叫作"霸王跳"的运动，吸引着无数"大胆狂徒"。这一以"大楼""桥梁"为起跳点的运动指的是身背降落伞从很高的建筑物的顶端往下跳的行为。这一活动为当局所禁止，所以往往在夜间偷偷地进行。

极端运动倒不致真有那么危险，不过身体伤害的可能性却是实实在在的，对大多数从事极端运动的人来说，肢体受伤已是家常便饭。

体育比赛的魅力在于其激烈、极强的动感给人以刺激和激情。像体操——静止时是凝固的雕塑，运动时是连续的力量和美的画面组合；冲浪——像扬着风的鞭，骑着骏马在海上奔驰，让人心驰神往；短跑——瞬息间人类速度和体能最大限度的迸发；拳击——力与勇的争斗；花样滑冰——是诗，是画，如梦境，似仙境；赛车——勇气和智慧的拼争，向死亡的挑战。而极端体育如今越来越受到人们的青睐，则是因为极端体育几乎集中了所有不同的体育项目的特点。

南极圈的体育生活

1999年初，我国南极考察队胜利地完成了考察任务，他们克服重重困难，进驻到南极最高点，设立钻井，钻出100米冰层样心，为我国科学考察立下了不可磨灭的功绩。考察队在极其恶劣的工作生活条件下，还能自如地超负荷的工作，与他们有一个钢铁般健壮身体有密切关系。但是他们健壮身体并非短时间轻易获得来的，他们是经过多年长期艰苦锻炼而换来的。南极考察队一直重视体育生活。

1985年12月26日晨，中国赴南极考察队经过4万里海洋航行之后，胜利地驶进了南极的乔治岛民防湾。这里的一切都是新鲜的：冰川、雪峰、海面上的浮冰……极目皆是。考察船锚泊的地点正北面是苏联的别林斯高沃考察站和智利的马尔什考察站。从望远镜里看到的海边上，除了企鹅和

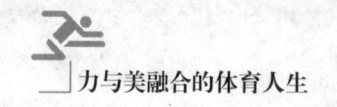

海豹外，竟然有好几个人在站区的道路上迎着寒风跑步。哦，原来"南极人"的生活也离不开体育！

考察船上面不可能有很大的运动场地，"向阳红"10号船的飞行甲板便成了考察队员们活动的主要场所。特别是午后和傍晚，成群结队的人在这里散步，打羽毛球。甲板上画有直升飞机起飞、降落标记的白色圆圈，它像跑道一样吸引着我们的队员。当船只在大洋中航行或漂泊作业时常常摇晃得十分厉害，人在甲板上站立不稳，遇上极地风暴，海风强劲，在飞行甲板上运动的人更要具备极大的勇气和毅力。记者曾在船上飞行库里碰到班长陈善敏，他正带着全班的同志练习哑铃、做俯卧撑。他们还专门带来了拉力器，空时便从事臂力锻炼。自从出航以来，考察队员们从未间断过锻炼生活。

在向南极挺进的途中，"向阳红"10号考察船上先后举行了"南极杯"象棋比赛和"南极洲"乒乓球赛，这样不寻常的体育比赛，令参加者终生难忘。乒乓球赛有37人参加。比赛时，船只在风暴中颠簸，乒乓球台也在摇晃。竞争者既要在台旁斗智斗勇，还要努力保持身体平衡。结果，冠军为大洋考察队地球物理组组长王胜利夺得。他过去曾获青岛市少年乒乓球单打亚军和双打冠军，后来虽然多年在船上工作、生活，但从未放下乒乓球拍，练出了海上打乒乓球的特殊本领。南极考察船编队总指挥陈德鸿也是个体育爱好者，这次在有45人参加的"南极杯"象棋赛中获得第3名。

赴南极考察是开拓者的事业，不可避免地会遇到一些风险。强健的体魄，往往使一些同志在危急关头能够化险为夷。51岁的生物学家、副研究员王荣，50年代是山东大学校排球队的主力队员，身高1.88米。20多年来，他每天坚持跑1万米以上，夏天在青岛海滨浴场，能从岸边到防鲨网游个来回。1月26日，"向阳红"10号考察船在极圈附近遇到了12级风暴，王荣和几个同志冲到后甲板抢救仪器和设备。这时一个高出后甲板两三米的大浪压了下来，船的前部沉入海面。在危急之际，王荣腿受了伤，但他仍跳上了六七米的生物绞车。当第二个浪头再次呼啸而来时，他竟双手抓住上层飞行甲板下的横梁，来了个"引体向上"躲过了浪峰。捕捞专家郭南麟，60年代就喜欢水上运动，曾是上海水产学院赛艇队的主力队员。这次在南大洋捕捞磷虾的日日夜夜，他一直战斗在后甲板，指挥下网和收网，斗志始终十分旺盛。

在中国赴南极考察队中，活跃着很多体育爱好者。他们把南极的狂风、暴雪和大洋的巨浪，当做对自己体魄、意志的最好考验。在卸运建站物资以及建站施工中，许多人每天工作十七八个小时。有人说南极是无菌世界，这种传闻是不确实的。现在，中国考察队已经发现和培养了大量菌种。在整个考察队中，除了少数同志在建站施工和考察中受了轻伤外，几乎没有一个得感冒和其他疾病的，这难道不是奇迹吗？

新兴的运动生活方式

每当晨光熹微和夕阳西下时分，无论在伦敦的海德公园或东京的明治公园，还是在苏黎世的环湖大道或法兰西的郊外森林公园，到处都能看到男女老幼身着运动服，兴致勃勃地在跑步、做操、打球、骑自行车……挪威全国人口中有66%的人是体育俱乐部成员，在美国有千万人从事长跑，参加马拉松比赛的人数以万计。每天清晨饮茶前，英国有270万人打开电视机，跟着节目中苗条女郎做健美操，他们称这些女郎为"绿色女神"或"疯狂的莉齐"。在法国，伸展运动和爵士舞风靡全国。在渥太华，自行车成了最受欢迎的畅销品。在德国，总统带头徒步漫游他国。在巴西圣保罗有数以百计的街道，每周周末关闭交通，从早到晚下棋、打球、跳桑巴舞

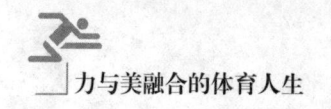

的人群络绎不绝，就连"神圣不可侵犯"的教堂也不甘寂寞，不少教堂提出礼拜之余充作体育运动园地。澳大利亚的悉尼有近4万人参加一年一度赛程9英里的趣味赛跑。该国全民健身计划负责人伊恩·博内博士说："生活，就要有生活的样子！"这些事实说明当今世界正孕育着一场生活方式变革，将锻炼作为生活的重要组成部分，是21世纪人们生活方式变革的一个十分重要内容。

在工业发达国家，随着机械化、自动化程度的提高，人们活动机会减少了，加上营养条件的改善，心血管病、糖尿病、肥胖症引起的所谓生活方式病日益增多，有的国家进入中年之后约有1/3男子，1/4女子受心肌梗死的威胁。德国有38%的人超过正常体重，每年治疗生活方式病的费用高达600亿马克，这意味着平均每人每年有两个月工资要付之东流。不少人一过40岁就体质明显下降，面临失业减薪的危险。有些人未老先衰或疾病缠身，人们忧心忡忡，惶惶不安。早在20世纪50年代后期，法德等国就敲响了生活方式的警钟。在1959年发表的《体育长远规划最佳方案》中曾做了如下描述："目前，'文明病'（即生活方式病）正在猛烈冲击着我们的国家！不仅成人和老人，就是少年和幼儿也被这种文明病所危害。整个国民面临极大威胁，这不能不引起人们的忧虑和不安。"人们不禁要问，是什么原因使流行于世界各国的文明病与日俱增？科学家、医学家一致认为："其原因就在于人们的精神和神经负担过重，而运动又是这样的不足……"明确地说，不良的生活方式是造成文明病的罪魁祸首。

生活方式是指和社会的行为模式，它虽然受到自然环境影响，但又是可以选择和控制的。在各种不良生活方式中，最重要的（前4位）危险因素是缺少运动、吸烟、过量饮酒、膳食结构不合理。当今各种不良生活方式引起疾病，是世界各国（包括发展中国家）医疗费用居高不下的重要原因。80年代，美国曾预测使美国成年人平均寿命增加一年需花费100亿美元。然而如果人们做到经常锻炼、不吸烟、少饮酒、合理饮食，几乎不花分文就能期望平均寿命增加11年。在我国，人民的不良生活方式引起生活方式病的也与发达国家相似。心脏病、卒中是导致死亡的最主要原因。人们体力活动不足十分普遍。缺乏运动是20世纪社会基本问题，尤其是21世纪社会基本问题之一，特别是发展中国家，在新世纪将面临这一严峻考验。

  体育运动是人的一种生活方式，正因为这样，不管年龄大小，所有的人都应当参加体育锻炼，它如同食物、知识一样是人们生活的重要组成部分。当然，人的生活方式不仅限于体育运动。体育是人类文化组成部分之一，"一个有文化的人"的概念，早就应当不仅包括文化和文明程度，而且还包括他的体育水平。文化这一词表示在某一个知识或活动领域内所达到的完善程度。可惜，20世纪人类的生活方式主要在精神发展方面提供丰富知识，而在完善体育方面却做得极少。要知道缺少体育教育比在任何文化领域缺乏知识对人类的危害大得多。因为，不管他成为什么样的人，达到什么样创造的顶峰，如果他没有健康这一主要东西，任何时候都不会感到自己是幸福的。

  如果说，过去的年代里，一个人天天刷牙洗澡、经常读书是一种文明的话，那么在未来，如果一个人没有经常锻炼身体的习惯，不热爱体育，那他就不是一个真正文明的人。

  现代社会，体育将同每个家庭交朋友。体育将使您矫健、端庄，体育使您坚强勇敢，体育使您敏捷智慧，体育使你们甜美欢畅！

力与美融合的体育人生

横渡海峡的壮举

驰名世界的英吉利海峡位于英国和法国之间，终年风急浪涌，它既是国际重要航道，又是世界各国体育选手竞争的天然场所。

1815年，法国统帅拿破仑的近卫队老兵让·萨拉第，被英军俘虏以后，趁卫兵戒备松懈时，越狱潜逃，从英国横渡英吉利海峡，逃回了法国。他决不会想到，这次仓皇的海峡横渡，竟会给人类体育事业开辟一个新的竞争领域。

一个多世纪来，英吉利海峡的滔滔流水，记下了许许多多横渡胜利者的名字，但也无情地吞没了不少遇难的不幸者。

有意识地把横渡英吉利海峡作为锻炼身体和意志手段的是一位名叫马·韦布的英国商船的船长。他是在让·萨拉第逃回法国之后60年，才实现这一壮举的。尽管这次横渡的速度很慢（长达40多个小时），但在漫长的19世纪里，人类能够横渡英吉利海峡的，就只有萨拉第和韦布两个人。可是进入20世纪之后，情况起了惊人的变化，到1958年为止，成功地横渡英吉利海峡的，就已超过100人次。各式各样的英雄人物，在搏风击浪的横渡中产生了。

1924年，美国女子长距离游泳好手埃德林，游过了海峡最狭处，距离为31公里，成为世界上第一位游过海峡的妇女。两年后的1926年，另一位女选手狄安娜·奈德，也成功地横渡了这个著名的海峡，当时她的成绩比所有男子都好，第一次显示女子在长距离游泳方面的巨大潜力。

以后的事实证明，即使是在成年人心目中作为"娇弱"象征的女孩子也是能够在英吉利海峡大显身手的。1964年，美国一位14岁女孩儿莫德尔，在她的父母兼教练的护伴下，游过了英吉利海峡，成为世界上第一个游过英吉利海峡的儿童。

随着时间的流逝和体育运动的发展，仅仅是单程横渡海峡，已经不是什么令人惊羡的事情了。1962年阿根廷男子长距离游泳家按托尼奥·阿伯顿托成功地往返横渡英吉利海峡。

阿伯顿托是从英国的多佛尔下水的，离岸不久就遭到了狂风和大雾。狂风刮起了巨大海浪。阿伯顿托一会儿被海浪高高抛起，一会儿被埋入波谷，他的保护人的小艇也差点在颠簸中倾覆。讨厌的浓雾几乎使这些英勇的男子迷失方向。经过18小时50分钟的拼搏，阿伯顿托才游抵法国海岸。

他在岸上仅仅休息了4分钟，接着又跳入海中，回头朝多佛尔方向游去。由于长时间地和风浪搏斗，阿伯顿托的体力消耗殆尽。在离终点大概还有50米的地方，他实在受不住了，手脚停止划动，身体开始下沉。眼看阿伯顿托就要被海峡的巨浪吞没，当时小艇上的教练完全可以抛一个救生圈，把他托上艇来，但教练没有这样做，却纵身跳入海里，声嘶力竭地鼓励阿伯顿托说："别泄气，孩子！我们马上就要到岸了，一个海峡游泳纪录将在今天传遍全世界！"教练热情的鼓励，给筋疲力尽的阿伯顿托一种巨大的精神力量，使他重新振作起来，奋力与海浪搏斗，终于游完了最后路程。他创造了42小时零5分钟往返横渡英吉利海峡的纪录，这是世界上第一个往返横渡海峡的人。

三年后，阿伯顿托的这一成绩，即被突破。1965年，美国的芝加哥城居民埃里克森用了30个小时，在英吉利海峡游了一个来回。

1977年9月8日，19岁的加拿大女学生辛迪·尼古拉，以19小时55分的成绩，往返横渡了英吉利海峡，成为世界上第一个成功地往返横渡英吉利海峡的女子。她的成绩，不仅比阿根廷的阿伯顿托要快23个小时，而且比美国的埃里克森也要快10小时。

力与美融合的体育人生

1981年,23岁尼古拉又不停顿地连续三次横渡英吉利海峡,人们称她为当之无愧的"海峡女皇"。

1978年7月29日,美国女运动员月妮·迪安,以7小时42分的成绩成功地横渡了英吉利海峡,创造了海峡横渡上的女子新纪录。事实雄辩的证明了,在长距离游泳方面,女子可以比男子更出色些。那么现在男子横渡海峡的最高记录是多少呢?是8小时45分,这是埃及运动员马萨·艾哈迈德·沙兹里所创造的。

在英吉利海峡横渡史册上,也记载着一些悲剧制造者的姓名,其中最有名的是英国的游泳家泰特·梅伊。

泰特·梅伊是个爱出风头的男子。为了获取高额奖金和巨大的荣誉,他意欲创造一个崭新的游泳纪录,不带任何伴护者,单独横渡英吉利海峡。1954年的一天,泰特·梅伊拖着一只载有食品和指南针的轻便橡皮筏,从法国加来海岸下水游出几公里,就被正在海上巡逻的法国警察发现,他们根据政府制订的法令,禁止这个游泳家横渡的活动,把他带回岸上。然而,利欲熏心的泰特·梅伊,并不就此罢休,为避开海上警察的监视,一个星期后在一个漆黑的夜晚,梅伊又拖着他那只早就准备好了的皮筏,偷偷地入海进行横渡。可惜他既没有游到英国,也没有返回法国,而是带着他的宏伟的计划和奢望,可悲地葬身在汹涌的英吉利海峡的波涛之中。

英吉利海峡以其出众的声名,又吸引世界上各式各样的人,来到这儿进行种种别出心裁的尝试。

38岁的美国潜水运动员巴尔萨德尔,为了创造一口气(中间不出水面)潜泳横渡英吉利海峡的纪录,他于1966年7月10日,从法国海岸下水,经过整整19小时的水下长游,终于在英国海岸登陆,因而成为世界第一个潜过英吉利海峡的游泳家。在这位创纪录游家的潜游过程中,有6名巴黎潜泳俱乐部的运动员陪同和帮助他,他们在护卫艇上毫无懈怠,每隔40分钟就潜下水为巴尔萨德尔更换背上的氧气瓶,通过输送管给他热饮料和葡萄糖片，就像马拉松长跑途中的饮料供应一样。

1980年9月21日，39岁的英国动物营养学家迈克·里德第20次胜利横渡英吉利海峡。这次成功，使他又成为横渡海峡次数最多的人。他从19次渡海峡的53岁的澳大利亚人伦佛多手中夺回了"海峡之王"的称号。

最令人感动的是，残疾人也向英吉利海峡提出了有力的挑战。

1981年是世界"残疾人年"。39岁的英国盲人维比克和47岁的盲人同伴普赖斯，脚踩滑水板，在飞艇的牵引下，顶着汹涌的波涛，创造了世界上第一个滑水通过英吉利海峡的纪录。这个纪录即使由健康人创造，也属不易，现在却由两位双目失明的人首创，更是难能可贵。滔天巨浪曾迫使他们途中停下过三次，但他们毕竟取得了成功。当他们把用这一创举筹集到的6000英镑全部资助英国的盲人慈善事业时，许许多多的人感动得哭了。

英吉利海峡的横渡活动在世界上是如此盛行，以至人们不得不组成了一个叫作"英吉利海峡游泳协会"的组织，统筹安排和保护指导各横渡者的活动。沙特阿拉伯的王子费萨尔，甚至把发起横渡比赛看作是一场名扬五洲的大好机会。这位来自中东富国的王子，每年拿出11220美元，来组织一届国际横渡英吉利海峡的比赛。这一比赛，已经进行了6届。

英吉利海峡在等待着更多的人以更多的方式来战胜它。

航海史上的伟大创举

自从1492年哥伦布从西班牙巴罗斯巷扬帆出航，开道美洲抵达亚洲的西北航线，继而又在1519年麦哲伦率领五只船发现新大陆以后，吸引了一批又一批探险者，在长达6400公里的航线上，以这些探险者的名字命名的岛屿就有：巴芬、哈德孙、戴维斯、福克斯、帕里、拜洛特、斯弗德鲁普等，他们中的许多人献出了自己的生命。仅1845年约翰·富兰克林领导的一次远征，就使129人葬身冰海。1903年，挪威航海家卢阿尔·阿蒙森驾驶一艘摩托艇，从格陵兰岛出发，于1906年通过白令海峡，第一个完成了沿西北海路环绕北美大陆的航行。

然而，阿蒙森的航行毕竟是以马达为动力的。1986年7月20日，北极探险家杰夫·麦克英尼斯和迈克·比戴尔在经过充分准备之后，驾驶双体帆船，从波弗特海出发，经过3年的艰苦的航程，于1988年8月17日抵达巴芬湾，从而创下了孤帆穿越北冰洋的又一壮举。

北冰洋是个非常寒冷的海岸，洋面上有常年不化的冰层，占北冰洋总面积2/3，厚度多在2—4米。北冰洋严冬长达半年之久，最低温度在零下40摄氏度左右。北冰洋水温很低，大部分时间都在0摄氏度以下，只有夏季在靠近大陆的水域才升到0摄氏度以上，这个短暂的时间才适于航行。

麦克英尼斯和比戴尔从马更些河口启程后，开始时一帆风顺。小船驶过利物浦湾，绕过巴瑟斯特角，在富兰克林湾时速高达20海里。经过40天航行，抵达剑桥湾镇。

从剑桥湾到安妮湾是全部航程中最艰苦的一段。尽管是在夏日，气温仍在零下12摄氏度以下，当寒流袭来时，甚至低达零下35摄氏度。在维多利亚湾，帆船被浮冰围困了12天，不得不绕了一个100多公里的大圈子，才得以继续前进。北极的夏日，太阳几乎昼夜不落。麦克英尼斯和比戴尔为了赶路，每天航行达20个小时。其实所谓"航行"，在很多时候并不是船载人，而是人拖船，即一个人在船头拉，另一个人在船尾推，拖着船在冰面上滑行。为了适应这一需要，他们将船底做得很尖，宛若两把锋利的冰刀，同时尽量"轻装"。帆船满载时重700磅，其中船身450磅，必需的设备和生活用品只有250磅。甚至食物也不能多带，他们每天只吃一磅半重量轻而营养价值高的食品，如奶粉、干果、乳酪等。食物可以少吃，水可不能不喝，茫茫冰海中，到哪里去找淡水呢？北冰洋上漂浮的巨大冰块，经长期沉淀，盐分沉到了底部，冰面在太阳照射下溶化，为陌生的来访者提供了取之不竭的饮用水。

在冰海里航行，随时都可能发生危险。在星罗棋布的浮冰中穿行时，要时刻提防突然袭来的巨大冰块将小船击碎；在冰面上滑行，也要当心掉进冰窟窿里把腿摔断。在远离人类文明的北极海域，一旦发生危险，获救的希望极小。麦克英尼斯和比戴尔凭着勇敢无畏的精神和百折不挠的毅力，闯过了一道道险关，当第二年夏季结束时，距目的地只剩下最后800公里。

北极的冰海不总是寂寞的，坎宁安湾海水清澈，砂石铺底，每年夏天都有约1500头白鲸来这里"聚会"。它们洗刷掉身上的黄色污垢，变得洁白无瑕。对于不知来自何方的不速之客，正在"消夏"的白鲸既感到好奇，又不免有些畏惧。在布罗德半岛，探险者多次与北极熊邂逅。有一次，一只巨大的北极熊竟然大摇大摆地走到他们的帐篷前，令躺在睡袋里的"勇士"受惊不已。

当小船经过3680公里的艰苦航行，终于驶进此行的终点——巴芬湾时，一直肆虐无忌的狂风忽然平息下来。麦克英尼斯在最后一天的航行日记中写道：我坐在温暖舒适的小屋里，记下这最后一天的见闻……我已经

好久没有享受到这样的奢侈了……我已工作了23个小时，但毫无倦意，抵达终点的激动和喜悦淹没了一切……最后，我要再次提到我命名为"感觉"号的双体帆船，它体现了北极探险最宝贵的品质——能够在任何艰难困苦的环境里奋勇前行！

北冰洋的战略地位很重要，越过北冰洋的航空线，大大缩短了亚洲、欧洲和北美洲之间的距离，从纽约到莫斯科飞经北冰洋的航线比横跨太平洋缩短1000公里。北冰洋航线大大缩短了东西方之间的距离。北极探险家杰夫·麦克英尼斯和迈克·比戴尔穿越北冰洋的创举，不仅在体育史上有其历史意义，而且在世界科技发展史上有其重要的探索性意义。

120年前，法国科学幻想家儒勒·凡尔纳浪漫而奇险的游记小说《80天环游地球》曾经一度轰动世界，今天，他的梦想终于成为现实：1993年4月20日，以布津诺·佩隆为首的5名航海家，实现了人类航海史上的另一创举，他们驾驶"探险司令"号双体机帆船环绕地球一周，历时79天6小时16分，创下了人类驾驶帆船环绕地球一周的纪录。在漫长的航行中，佩隆等人不畏惊涛骇浪，与浩瀚的大海顽强搏斗，终以智慧和勇气创出人类航海奇迹。

当代的水上休闲风尚

"阳光、空气、水是三个诱人的字眼，水上休闲运动就具备了这三样东西，一片汪洋的水面，天地间只有你乘风破浪，那种感觉是陆地上绝对找不到的。水面上的空气清新洁净，当你驾驶游艇快速奔驰时，就像是进入了氧吧。"它有其独特的魅力。

豪华的游艇、蔚蓝的大海、灿烂的阳光，这是过去人们在好莱坞电影中看到的富豪和贵族的生活，但今天，我们正在实现。

水上休闲既有高贵浪漫的拖艇，又有刺激奔放的摩托艇，还有那传统古典的帆船，更有惊心动魄的冲浪和滑水。因此水上休闲为各个层次、各种个性的人提供了多样性的选择。

水上休闲娱乐与体育有不解之缘，需要体力、勇气和技巧。尤其是滑水、帆板、帆船，不经过学习和训练，难以体会其中的妙趣。

你也许早已习惯于观看电视里的P1方程式之类汽车大奖赛，而且也喜欢开着自己的车经常在高速公路上"F1"一番，不过你可能还不知道或者知之不详，在水上有个"F1"，而且水上的"F1"同赛车的"F1"一样著名。如果把赛车和赛艇这两项运动放在一起比较，后者不仅与前者一样极其惊险刺激，而且它似乎更具有足以令你着迷的魅力。

水中的阻力比陆地上大得多，所以在水中行进似乎理所当然的就应该比在陆上慢。不过，常识在大多数情况下是正确的，可在特定情况下就不一定正确。就拿世界摩托艇联盟一级方程式（即F1方程式）委员会一年一度举行的创纪录赛来说吧，参赛赛艇的时速一般都在720公里／小时以上，启动时从0达到100公里的时速则需要5秒钟，简直比赛车还快！

不要以为只要赛艇的马力强劲，它就可以达到任意的高速。试想，在平坦的路面上，赛车尚且经常会一串串地翻跟头，那么在随时都有大大小小风浪漩涡起伏翻转的水面上，驾驶赛艇风驰电掣就更是要有极高的技术了，冒极大的风险。为此，世界上的著名赛艇明星们便受到了体育迷们的无限崇拜，赛艇比赛的观众更是一向人山人海。比如在日本，赛艇博彩历来是娱乐业中一个最兴旺的支柱项目，电视台甚至为观众专门开设了赛艇频道。而1995、1996、1997连续三年，当中国赛艇协会聘请国际上的F1高手们分别在杭州、无锡和厦门举行表演赛的时候，观看的人数竟达上百万人次。厦门市的人口总共才45万，可出来观看赛艇表演的人，竟然就有十几万！

除了看别人驾驶赛艇，当然有许多人也自己开赛艇。"玩艇"在国外历来很时髦，而在中国，它也正在兴起。

对于真正有这项爱好的人们来说，精神准备比金钱更显得重要，你考了驾照买了汽车，然后就肯定可以上路，而面对一部赛艇你如果没有技艺和胆量，便只能是心痒难挠了。

在水中驾驶赛艇，最大的难度就是时刻要与变化多端的水流风浪周旋。即便是业余爱好者开艇，时速也不应低于几十公里，要在比驾车困难得多的环境里达到起码不低于车速的航速并且不翻船，良好的平衡能力及其视觉、听觉和肌肉反应能力就成了必不可少的基本素质。

美国有一次举行了一个趣味表演，一位别出心裁的表演者采用了一张翻扣着茶桌做运动器材，他把拖船绳索的一头绑在桌子腿上，然后自己趴在上面，拖船一响，就"呼"地一下奔跑起来，他立即破浪疾驰，俨然成了"桌上飞人"，与赛艇相比，滑水的难度的确是小多了，正因为简单而又妙趣无穷。

当然，"简单"是就达到业余爱好者的水平而言，滑水其实也是国际上很尖端的一项水上运动。目前一年一度的世界锦标赛上，正式比赛项目共列有花样、回旋和跳跃三大项。而根据滑水者所用水橇的不同，又可区分为单橇滑水、双橇滑水和赤脚滑水。此外，表演项目还有跪板滑水和叠罗汉等等。

滑水者在水面上飞驰的场面是很好看的，特别是高水平滑水明星的表演，既精彩奇绝，又雄浑壮观。

花样滑水，是要求选手在滑行中做出各种翻腾、跳跃、转体的技巧动作，其难度不亚于体操运动员，再加上他们表演的舞台是一方碧水，所以就更加引人入胜。特别是男女选手的以人组合项目，往往最受观众青睐。

每当他们在疾驰中展现出与芭蕾舞演员相仿佛的优美姿态，人们面对这些"水中仙人"便会情不自禁陷入诗情画意般的梦境之中。而由几位甚至十几位选手组合表演的叠罗汉节目，又能让人体味到节日般的欢快气氛。

回旋比赛有些与冰雪项目中的大回转相似，选手要在高速滑行中绕过一个个浮标。除了看谁能以最快的速度绕完浮标到达终点外，衡量选手水平高低的另一个指标是其所用拖绳的长度，拖绳越短绕标时的旋转角度越小难度越大，而滑水者与拖船驾驶者的配合也越要默契。站在岸边看回旋表演，很容易让人产生"游龙出水"的感觉，水面上白练翻飞，飞得让人激情奔涌，想不狂热都不可能。

在滑水比赛中，最富有惊险刺激性的当属跳跃项目。它的竞赛方式是拖船以近60公里／小时的速度使选手从倾斜的高台上高高跃起，完成在空中的飞行，谁飞行的距离最远谁就是获胜者。参加这项比赛的人无一不是艺高胆大的勇士。你想，目前跳跃滑水的世界纪录已达90多米，如果没有过人的技艺胆量怎能当得了这样的空中飞人！为此，世界大赛上为该项目冠军设立的奖金历来最高，他们也最受滑水迷们崇拜。

轻舟踏浪——帆板既能冲浪，又能滑翔，如此绝技，令人叹为观止。

帆板航行的道理与帆船是完全一样的，即借风对风帆的作用，带动船前进。国际奥委会对正式帆板比赛是这样规定的：帆板的长度为3.72米，宽0.63米，重15.5公斤，桅杆高4米，风帆面积在5.9—7.4平方米之间；比赛时风速要大于3米／秒，在2.5—4公里直径的水面上设置3或4个浮标，每标之间的距离1—2公里，选手绕标沿三角形或四边形的航线航行。

几百年前，哥伦布得以穿越茫茫海洋发现美洲大陆，靠的就是帆船。所以现在虽然航行工具已先进得不得了，人类却一直舍不得丢掉这个最古老的伙伴，并继续用它来展现自己的力量、智慧和勇敢。眼下除了每年国际上都要举行一些远程帆船探险活动外，近海的帆板漂流则是一项很重要的水上运动，连举世瞩目的奥林匹克运动会，也设立了男、女两项正式比赛。

除了作为竞技，驾帆板也对锻炼体魄、陶冶身心大有作用。每当漂行在水天一色、杳无尘嚣的海上，把全部精力体力都集中在与风浪的搏击上

力与美融合的体育人生

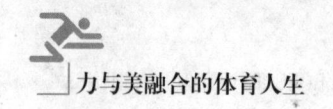

时，人就会全然陶醉到物我两忘的境界。这对生活节奏紧张的现代人来说，实在是求之不得的享受。与此同时，又由于帆板活动所用的器材简单，并且不需要别人配合辅助操作，所以就更成了各种层次的消费者都能接受参与的娱乐活动。盛夏时节，国外通向海滨的高速公路上，总是行驶着一串串车顶载有各色帆板的私人汽车，而海边则也搭满了红红绿绿的宿营帐篷。

玩帆板是要有一定体力的，只要一出海，驾驶者就得一刻也不停歇地迎风，而且往往一航行就是几个小时。它对人的平衡能力和灵巧性也有较高要求，航行中人始终是站在那块摇摆旋转不定的板面上，不停地做着倾斜、转体之类的平衡动作，人还得协调地操纵风帆。那些帆板高手的动作很潇洒，当风向不转波浪不大时，他们甚至可以悠然自得地一边用手拉住帆杆，一边坐在板面上惬意地观赏海景。不过若想达到他们那样自如驾驶的境界，是必须要好好下一番工夫的。如果没有经过一段时间的磨炼，不用说驾着帆板向既定的方向目标行进，人就是想在上面稳稳当当地站一会儿也不一定能行……